DER WEG ZUR
PROMOTION

Stephan Schmauke

DER WEG ZUR **PROMOTION**

STRUKTURIERT UND GELASSEN ZUM DOKTORTITEL

Bibliografische Information der Deutschen Nationalbibliothek

Die Deutsche Nationalbibliothek verzeichnet
diese Publikation in der Deutschen Nationalbibliografie;
detaillierte bibliografische Daten sind im Internet
über http://dnb.dnb.de abrufbar.

ISBN 978-3-8012-0585-0
[auch als E-Book erhältlich: ISBN 978-3-8012-7025-4]

Umschlag: Birgit Sell, Köln
Typographie & Satz: Ralf Schnarrenberger, Hamburg
Druck und Verarbeitung: CPI books, Leck

Besuchen Sie uns im Internet: www.dietz-verlag.de

EINLEITUNG

Die Idee zu diesem Buch stammt aus meiner Arbeit mit Promotionsstipendiatinnen eines der 13 Begabtenförderungswerke der Bundesrepublik Deutschland. In Seminaren mit durchschnittlich 20 bis 30 Teilnehmerinnen stellen die Promovierenden ihre Promotionsprojekte einer kleineren Gruppe von maximal acht Teilnehmerinnen vor, worauf diese Projekte, begleitet von einem Tutor oder einer Tutorin, diskutiert werden. Die in diesen Gruppen vertretenen Fächer sind heterogen. Zwar berücksichtigen wir bei der Kleingruppenzusammenstellung fachliche Affinitäten, soweit das geht, doch lässt es sich aus logistischen Gründen nicht immer vermeiden, dass die Fächerverteilung manchmal seltsame Konstellationen mit sich bringt. So kann es durchaus passieren, dass eine Juristin ihr Projekt einem Auditorium vorstellt, das aus Kunsthistorikerinnen, Mathematikerinnen, Historikerinnen und Geologinnen zusammengesetzt ist. Was von uns anfangs als notwendiges Übel angesehen wurde, hat sich aber im Verlauf von ein paar Veranstaltungen als segensreich herausgestellt: Zum einen haben Promovierende sonst nur sehr selten die Gelegenheit, ihre Dissertationsprojekte einem fachfremden Publikum vorstellen zu können. In den üblichen Promotionskolloquien bleibt man so gut wie immer unter seinesgleichen; für Fachkongresse gilt dasselbe. Das ist bedauerlich, weil es für die wissenschaftliche Arbeit ungemein produktiv sein kann, wenn man genötigt wird, sie für das Verständnis von Akademikerinnen anderer Disziplinen herunter zu brechen. Zum anderen machen viele Teilnehmerinnen auf unseren Seminaren die Erfahrung, dass bestimmte Schwierigkeiten, mit denen ihr persönliches Dissertationsprojekt konfrontiert ist, Allgemeingut aller Promovierenden sind. Bestimmte Probleme betreffen nämlich nicht nur Juristinnen oder Mathematikerinnen (auf je eigene Weise), sondern alle, die versuchen, an einer deutschen Hochschule den Doktortitel zu erwerben.

Zum Sprachgebrauch eine Anmerkung: Historisch korrekt müsste man sagen: *promoviert werden* (siehe auch das Kapitel »Die Geschichte der Promotion« in diesem Band). In Anlehnung an den alltäglichen Sprachgebrauch benutze ich hier jedoch die aktive Form (*promovieren*) gleichberechtigt neben der passiven (*promoviert werden*).

Einige Fragenkomplexe verdichteten sich in unserer Wahrnehmung zu Dauerbrennern, weshalb wir ein weiteres Seminarformat für die Promotionsstipendiatinnen konzipierten: Die »Strukturwerkstatt«, die ich zusammen mit meinem Kollegen Rainer Fattmann leite. Sie richtet sich an fortgeschrittene Promovierende und thematisiert explizit die Probleme, Krisen und Katastrophen, die in drei und mehr Jahren des Arbeitens an einer Dissertation zusammenkommen können – natürlich nebst den Strategien, diese Probleme zu umschiffen, Krisen auszukurieren und sich auch von Katastrophen nicht anfechten zu lassen. Zu diesen Dauerbrennerfragen gehören: Wie organisiere ich mein Zeitbudget? Wie bringe ich Struktur in meine Dissertation? Wie reagiere ich angemessen auf Schwierigkeiten in der Betreuungssituation?

Den Ausschlag, ein Buch über dieses Thema zu verfassen, gab dann eine Sichtung der vorhandenen Ratgeberliteratur. Promotionsratgeber sind ja nicht gerade rar gesät; von der reich mit Stockfotos bebilderten Broschüre (bebrillte Studentin hält sich an Kaffeebecher fest, Text: »Wie fühlt es sich an, sich für drei Jahre festzulegen?«) bis zur 400-seitigen Bleiwüste gibt es alles, was das Promovierendenherz zu begehren scheint. Was fehlt, ist ein Promotionsratgeber, der sein Problembewusstsein aus eigener Erfahrung, aus der Arbeit mit aktuell Promovierenden bezieht und in seinem Orientierungsanspruch über die bloße Informationsvermittlung hinausgeht (wenden Sie sich bei psychischen Problemen an Ihren Psychiater. Hier eine Adressenliste ...).

Klar war aber auch, dass das Buch nicht nur bereits promovierende Leserinnen ansprechen sollte, sondern auch Fragen erörtern muss, die sich schon vor dem Entschluss zu promovieren stellen. Fragen wie: Warum sollte ich mich für (oder gegen) eine Promotion entscheiden? Welche Schritte sind zu tun, wenn die Entscheidung für eine Promotion gefallen ist? Was ist zu beachten, wenn es um die Finanzierung der Promotion geht? Aus diesem Grunde beginnt der Text mit dem Kapitel zum Thema »Organisation«.

Dem ersten Kapitel, das organisatorischen Fragen gewidmet ist, folgen dann jene Abschnitte, in die am meisten von meiner Arbeit mit den Promotionsstipendiatinnen eingeflossen ist. Kapitel 2 bis 4 befassen sich mit den Themen »Literaturrecherche«, »wissenschaftliches Schreiben« und »Problembewältigungsstrategien«. Die Hauptintention meines Schreibens ist dabei immer, ein Gefühl dafür zu wecken, dass es neben dem berechtigten Bedürfnis, effizient und erfolgreich zu promovieren, noch etwas anderes gibt: nämlich mit der Promotion etwas Sinnvolles zu leisten, das sich kaum in ökonomischen Kategorien messen lässt. (Ob man diesen nicht geldwerten »Gewinn« nun mit Aristoteles »nous«, mit Hegel »Geist«, mit Humboldt »Bildung« oder mit Bourdieu »kulturelles Kapital« nennen will, braucht hier ja gar nicht entschieden zu werden.)

Aus meiner Sicht gehört zur Promotion ein reflektiertes Verhältnis zur Tätigkeit des Promovierens. Deswegen finden Sie in diesem Buch auch einen historischen Abschnitt zur Geschichte der Universitäten und der Universitätsabschlüsse. (Aus welcher wissenschaftlichen Tradition stammt die Promotion? Wann wurde der erste Mensch promoviert? Wie veränderte sich im Lauf der Universitätsgeschichte der Stellenwert der Promotion?) Wer sich damit intensiver befassen möchte, dem empfehle ich *Hartmut Boockmann: Wissen und Widerstand. Geschichte der deutschen Universität, Berlin 1999*, ein Buch, aus dem ich vor allem über die mittelalterliche Universitätsgeschichte viel gelernt habe. Des Weiteren finden Sie (im Kapitel zum Schreiben der Dissertation) einen Abschnitt, der ein paar Stichworte geben möchte, um Ihnen den Versuch zu erleichtern, Ihr eigenes wissenschaftliches Weltbild ein wenig klarer zu umreißen. (Was meine ich eigentlich damit, wenn ich einen »wissenschaftlichen Nachweis« für etwas erbringe?) Meiner bescheidenen Meinung nach sollten Sie sich nicht nur das Knowhow des Promovierens »draufschaffen«, sondern Sie sollten am Ende auch wissen, was Sie da eigentlich tun, wenn Sie promovieren.

Die Grundlage meines Schreibens ist, wie gesagt, die eigene Erfahrung – sowohl die Erfahrung, die darauf beruht, selbst einmal eine Dissertation geschrieben zu haben (mit allen emotionalen Höhen und Tiefen, die das mit sich brachte), als auch die Erfahrung mit der heutigen Generation Promovierender (die im Großen und Ganzen genau dieselben Probleme hat, wie ich sie vor 20 Jahren hatte. Bologna hat da keine neuen Probleme geschaffen, allenfalls ein gesteigertes Problembewusstsein). Erfahrung heißt das Zauberwort – und deswegen ist der hier gewählte Stil essayistisch, manchmal vielleicht salopp, aber er vermeidet den weihevollen Jargon von Ratgebern sowie einer wie auch immer gearteten Fachwissenschaft.

Und noch ein Wort zur Schreibweise: Da ich einerseits im Deutschen die sprachliche Unterrepräsentiertheit von Frauen als Problem ansehe (man redet von Professoren, meint aber damit Professoren und Professorinnen), andererseits aber alle üblichen Formen gendergerechter Schreibweise hässlich finde (Professor_in, ProfessorIn, Professor*in, Professor:in), habe ich mich für die generelle Verwendung des Femininums entschieden. Diese Formulierungen umfassen gleichermaßen weibliche, männliche und Transpersonen sowie alle, die binäre Zuschreibungen für sich ablehnen; alle sind damit selbstverständlich gleichberechtigt angesprochen. Die einzige Ausnahme ist das historische Kapitel, in dem es um die Geschichte der Universitäten geht, bei der es sich bis ins 20. Jahrhundert hinein um ausschließlich von Männern gebildete Organisationen handelt. Gerade dieser Umstand würde durch die generelle Verwendung des Femininums verwischt werden.

Ich danke allen, die mich bei der Planung, Ideenfindung und Abfassung dieses Buches unterstützt haben. Bei der Friedrich-Ebert-Stiftung: Roland Feicht, Jacob Hirsch, Kathrein Hölscher, Simone Stöhr und Markus Trömmer, ohne die dieses Buch weder entstanden noch gediehen wäre. Ganz besonders danke ich Ursula Bitzegeio, die mit ihrer Begeisterungsfähigkeit und ihrem geradezu übernatürlichen Sinn, die richtigen Leute zum richtigen Zeitpunkt zusammenzubringen, die Initialzündung gegeben hat. Schlaubischlumpf! Natürlich habe ich mich auch bei den vielen Promotionsstipendiatinnen der FES zu bedanken, bei denen ich über etliche Jahre hinweg viel gelernt habe – nicht nur über die Leiden der jungen Promovierenden, sondern auch über wissenschaftliche Moden, Konjunkturen und generell über Fachdisziplinen, die mir als Philosophen früher nichts gesagt haben. Stellvertretend darf ich hier Felix Kollritsch, Aymar Koukoubou, Carla Lohmann und Mariam Muwanga nennen, die Liste würde sonst einfach viel zu lang werden. Besonders danke ich auch Rainer Fattmann, meinem Mitstreiter bei der Strukturwerkstatt und dem Menschen mit dem trockensten Humor, den man sich vorstellen kann, ich danke Diana Gohle, die die Figur der »Försterin« erfunden hat, und Peter Gohle, mit dem ich mich immer gerne über Materialismus beziehungsweise Postmaterialismus und über Musik streite, und natürlich danke ich Alexander Behrens vom Dietz-Verlag für sein feinfühliges Lektorat. Vor allem aber danke ich meiner Familie: Flora – Emma – Beda.

Danke!

DIE ORGANISATION DER PROMOTION

In diesem Kapitel werden grundsätzliche Gesichtspunkte erwähnt, die die Entscheidung für (oder gegen) eine Promotion beeinflussen können. Ist die Entscheidung zu promovieren erst einmal gefallen – und davon gehe ich im weiteren Verlauf dieses Buches natürlich aus –, müssen etliche organisatorische Schritte unternommen werden. Darunter fällt zunächst einmal die Wahl des Promotionsortes beziehungsweise die Wahl der geeigneten Betreuerin. Sie finden dazu einige Kriterien, die Ihnen diese Suche erleichtern können. Dann wird die entscheidende Rolle des Exposés angesprochen, zusammen mit ersten Hinweisen für die Abfassung. Es folgt eine Anekdote über die nicht zu unterschätzende Bedeutung der Promotionsordnung, bevor es schließlich um die verschiedenen Finanzierungsmöglichkeiten geht, wobei die Hinweise zu möglichen Stipendiengeberinnen dabei den weitaus größten Raum einnehmen.

EINE ENTSCHEIDUNG TREFFEN!

Vermutlich haben Sie die Entscheidung, das Abenteuer einer Promotion auf sich zu nehmen, längst getroffen, wenn Sie dieses Buch in die Hand nehmen. Rekapitulieren Sie aber trotzdem noch einmal, welche Gründe es waren, die Sie dazu bewogen haben! Es klingt zwar auf den ersten Blick banal, dass alles mit der *Entscheidung* zu promovieren anfängt. Aber ganz so banal ist es nicht. Denn von der Tatsache, ob Sie sich entscheiden, und von den Gründen, die für Ihre Entscheidung ausschlaggebend sind, hängt bereits vieles ab. Vor allem beeinflusst die Art und Weise Ihrer Entscheidung bereits unmittelbar gewisse organisatorische Aspekte, die sie beachten sollten. Denn in diesem Kapitel geht es darum, was es am Anfang eines Promotionsprojekts zu beachten und zu organisieren gibt.

Was also steht am Anfang Ihrer Überlegungen? Ist es der Wunsch, eine akademische Karriere anzustreben? Wollen Sie Professorin werden? Oder wollen Sie ganz allgemein Ihre persönliche Qualifikation für den Arbeitsmarkt erhöhen, weil sie denken, ein höherer Universitätsabschluss erleichtere die Chancen auf einen gut dotierten Job? Oder hat Sie so etwas wie ein akademischer Furor gepackt, ein wissenschaftliches Problem, das Sie schon während Ihres Studiums so fasziniert hat, dass sie daran unbedingt weiter arbeiten möchten?

Oder ist es ganz anders: Wollen Sie sich selbst beweisen, dass sie eine Promotion schaffen können, dass Sie drei und mehr Jahre an einem hochkomplexen Thema arbeiten können? Oder wollen Sie das vielleicht gar nicht so sehr sich selbst beweisen, sondern Ihren Eltern? Ist Ihr Entschluss, zu promovieren, Ausdruck der Konformität Ihrem Elternhaus gegenüber? Stammen Sie aus einem bildungsbürgerlichen Haushalt, in dem Sie nicht die erste Angehörige mit Universitätsabschluss wären, wo der Entschluss, den Doktortitel zu erlangen, also gleichsam die Familientradition fortführt? Oder ist es umgekehrt: Sie nehmen das Wagnis einer Promotion als Erste in Ihrer Familie auf sich, wie Sie bereits die Erste waren, die überhaupt angefangen hat zu studieren?

Diese Fragen können Sie natürlich nur selbst beantworten, da es sich um subjektive und letztlich persönliche Gründe für oder gegen eine Promotion handelt. Um die Entscheidung ein wenig zu objektivieren, komme ich zu ein paar Aspekten, die Ihnen bei der konkreten Entscheidungsfindung helfen könnten, und die Ihnen vor allem auch dabei helfen können, Ihre Entscheidung gegenüber anderen als wohlerwogene Entscheidung zu verantworten; denn wie für fast alles gibt es auch für eine Promotion Gründe, die dafür und dagegen sprechen.

GRÜNDE FÜR UND GEGEN EINE PROMOTION

Pro Promotion:

- Sie ist notwendig für eine wissenschaftliche Karriere. Ohne Promotion ist eine unbefristete Festanstellung an einer Hochschule oder an einem Forschungsinstitut unmöglich.
- Sie ist in manchen Berufsfeldern, die eine akademische Ausbildung voraussetzen, oftmals die Grundbedingung dafür, später überhaupt in einem

Arbeitsbereich beschäftigt zu werden, der annähernd Ihrem akademischen Bildungsstand entspricht. Vor allem für Geistes- und Kulturwissenschaftlerinnen ist der Doktortitel häufig die Voraussetzung, um eine adäquate Beschäftigung im Kultursektor zu bekommen.

- Sie gilt potenziellen Arbeitgebern als Ausweis für die Eignung als Führungspersönlichkeit, da Sie mit Ihrer Promotion zeigen, dass sie selbstständig arbeiten können, durchsetzungsfähig und belastbar sind, ausgeprägte analytische Fähigkeiten besitzen sowie Organisationstalent und Projekterfahrung. Auch in technischen Berufen geraten übrigens die Diplomingenieure zunehmend durch den »Dr. ing.« unter Druck.
- Sie erleichtert den Zugang zu höheren Gehaltsklassen beziehungsweise Besoldungsstufen im öffentlichen Dienst.
- Sie schadet nicht, wenn sie beim Gesellschaftsspiel der Elitenreproduktion mitspielen möchten (besonders der »Dr. jur.« und der »Dr. med.« sind für viele immer noch die Eintrittskarten in exklusive gesellschaftliche Kreise.
- Sie macht (möglicherweise) Ihre Eltern glücklich.
- Sie ermöglicht es Ihnen (unter der Voraussetzung, dass sie Ihre Finanzierung für drei und mehr Jahre gesichert haben), eine relativ sorgenfreie Lebensphase, die sie ganz einer (hoffentlich interessanten) wissenschaftlichen Forschung widmen können.

Contra Promotion:

- Sie ist zwar notwendig, aber nicht hinreichend für eine wissenschaftliche Karriere. Ich muss es leider so deutlich sagen: Selbst wenn Sie während der Arbeit an Ihrer Dissertation noch so fleißig an Kongressen und Fachtagungen teilnehmen, Aufsätze in Fachzeitschriften veröffentlichen, als wissenschaftliche Hilfskraft an Ihrem Institut arbeiten, ist die Aussicht, eine *langfristige* Festanstellung an einer Universität zu bekommen, *verschwindend gering.* Wenn Sie nicht das Glück haben sollten, eine (zeitlich befristete) Juniorprofessur zu erlangen, steht Ihnen nach der Promotion nur der Weg der Habilitation offen – also weitere Jahre des unterbezahlten oder gar nicht bezahlten wissenschaftlichen Arbeitens. Und selbst wenn Sie sich nach der Promotion erfolgreich habilitieren sollten, ist das immer noch keine Garantie auf eine Professorinnenstelle, sondern häufig nur der Einstieg in ein ökonomisch prekäres Privatdozententum.

- Sie führt – vor allem für Geistes- und Sozialwissenschaftlerinnen – relativ häufig zu unsicheren Berufsperspektiven.
- Sie kann zu sozialer Ausgrenzung und Vereinsamung führen. Zum einen gibt es immer noch Menschen, die Vorurteile gegen Angehörige des akademischen Milieus haben. Zum anderen besteht die Gefahr, dass Sie durch die jahrelange Beschäftigung mit einem hochspezialisierten Thema zu einem Nerd werden, der nur noch wenige echte Sozialkontakte hat.
- Sie garantiert keinen gesellschaftlichen Aufstieg, da bei der Elitenreproduktion immer noch der Besitz ökonomischen Kapitals höher rangiert als der Besitz kulturellen Kapitals; sollten Sie aus »einfachen Verhältnissen« kommen, wird man Sie das unter Umständen auch trotz ihres Doktortitels spüren lassen.
- Sie bedeutet für mindestens drei Jahre Entbehrung, Verzicht auf viele Annehmlichkeiten und eine nicht zu unterschätzende geistige Anstrengung auf einem Gebiet, das nur ganz wenige Menschen interessiert.
- Sie birgt Gefahren für Partnerschaft und Familie. Eine Promotion bedeutet, in Vollzeit berufstätig zu sein. Frauen sind nach wie vor besonders benachteiligt, wenn es um die Vereinbarkeit von Beruf und Familie geht. Trotz aller inzwischen etablierten Hilfeprogrammen ist das Promovieren mit Kind immer noch eine besondere Belastung. (Auch als promovierender Vater haben Sie eine andere Belastung als kinderlose Kommilitonen.)
- Sie ist teuer. Wenn Sie die Wahl zwischen einer bezahlten Festanstellung und einer Promotion haben: Überlegen Sie gut! Da die Promotion auf jeden Fall eine ökonomische Belastung darstellen wird, ist es nicht verkehrt, sich sehr früh Gedanken über die Finanzierung zu machen, am besten noch bevor Sie die nächsten konkreten Schritte einleiten (vgl. dazu unten den Abschnitt »Finanzplanung«, S. 32).

Sie sehen: Die Entscheidung sollten Sie nicht dem Zufall überlassen, selbst wenn sie von einer Professorin darauf bereits angesprochen worden sind – gerade in einem solchen Fall nicht! Denn die schlechteste Ausgangsposition wäre die, dass sie von Dritten gleichsam zur Promotion gedrängt würden, und sie selbst sich nur wegen eines Mangels an Alternativen darauf einließen. Promovieren sollten Sie, wenn sie selbst es wollen, und nicht, weil Ihnen nichts Besseres einfällt.

THEMEN- UND BETREUERINNENWAHL

Ist die Entscheidung gefallen, sollten Sie als erstes eine doppelte Überlegung anstellen: Über welches Thema wollen Sie arbeiten? Und: An welcher Universität beziehungsweise bei wem würden Sie am liebsten promovieren? Wenn Ihr Entschluss zu promovieren primär aus dem Interesse an einem bestimmten Forschungsproblem entstanden sein sollte, zum Beispiel wenn sie darüber nachdenken, das Thema Ihrer Masterarbeit zu vertiefen, ist die Themenwahl zunächst einmal keine langwierige Angelegenheit. Und wenn der Plan aus Ihrer Bindung an ein Institut heraus gewachsen ist, dürfte auch die Frage, wo und bei wem sie promovieren wollen, leicht zu beantworten sein. Komplizierter wird die Sache, wenn sie von vornherein eine »externe« Promotion planen, also an einem Institut oder Seminar Ihre Arbeit schreiben möchten, das Sie noch gar nicht kennen.

Die Themen- und Betreuerinnenwahl sollten Sie nicht getrennt voneinander angehen. Da es keine Universalgelehrten mehr gibt, und da redlicherweise nicht einmal die »Koryphäen« eines Faches mehr behaupten können, Expertise zu sämtlichen Facetten ihrer Disziplin zu besitzen, sollten die Untersuchungsgebiete der zukünftigen Betreuerin schon einigermaßen nahe an dem sein, was Sie als Ihr Dissertationsthema anpeilen. Dabei muss es sich nicht um eine hundertprozentige Deckung handeln – schlecht wäre es aber, wenn Ihre zukünftige Betreuerin vom Thema, von der einschlägigen Fachliteratur und von den anzuwendenden Methoden überhaupt keine Ahnung hätte. Sammeln Sie also als erstes eine Namensliste derjenigen Wissenschaftlerinnen, die zu Ihrem Wunschthema affine Literatur publiziert haben. Auf den Personalseiten der Webauftritte der Forschungsinstitute beziehungsweise Fakultäten finden Sie eigentlich immer auch entsprechende Publikationslisten.

Es spielt letztlich keine Rolle, ob Sie die Auswahl Ihres Themas von der Entscheidung, bei Betreuerin X zu promovieren, abhängig machen, oder ob

Sie mögliche geeignete Betreuerinnen nach der Entscheidung für ein bestimmtes Thema auswählen: Wichtig ist lediglich, dass Betreuerin und Thema zueinander passen.

Bei der Begutachtung der Liste der grundsätzlich für Sie in Frage kommenden Betreuerinnen gibt es mehrere Kriterien, nach denen Sie eine engere Auswahl treffen können:

- *Das Renommee:* Bei berühmten Persönlichkeiten zu promovieren kann natürlich förderlich sein für Ihr eigenes Standing innerhalb der *Scientific Community*. Bedenken Sie jedoch, dass sich berühmte Professorinnen ihre wissenschaftliche Reputation in der Regel nicht aufgrund ihrer herausragenden Lehrfähigkeiten erworben haben, sondern aufgrund ihrer Fähigkeiten, die eigenen Forschungsprojekte zu bewerben, zu finanzieren und in den akademischen Diskursen up to date zu halten. Für besonders gute Betreuungsleistungen hat noch niemand den Nobelpreis bekommen! Ein weiterer Aspekt kommt hinzu: Berühmtheit generiert in der Regel Neid bei den Minderberühmten. Wenn Sie sich entscheiden, bei einem wissenschaftlichen Superstar zu promovieren, müssen sie später eher mit Gegenwind rechnen, als wenn Sie bei einer in der akademischen Welt eher unauffälligen Betreuerin promovieren.
- *Die Anzahl der betreuten Promotionen:* Professorinnen, die jedes Jahr viele Promotionen betreuen, stehen unter Studentinnen im Ruf, dass es bei ihnen leichter zu promovieren sei als bei jenen Professorinnen, die nur ganz wenige Doktorandinnen haben. Das mag gelegentlich sogar zutreffen, nur sollten Sie sich selbst die Frage stellen, ob »Leichtigkeit« hier das richtige Kriterium ist. Jemand, der 20 und mehr laufende Promotionen betreut beziehungsweise von seinen Mitarbeiterinnen betreuen lässt, wird mit Sicherheit weniger Zeit für jedes einzelne Projekt haben und generell seltener ansprechbar sein als jemand, der nur ein oder zwei laufende Promotionen betreut. Ob Sie sich für eine Betreuerin entscheiden, bei der viele oder nur sehr wenige Promotionsverfahren angängig sind, hängt auch von Ihrer eigenen Persönlichkeit ab und dem, was sie sich wissenschaftlich zutrauen: Gehören Sie selbst zu den eher selbstbewussten Menschen, die sich nicht gerne allzu viel in ihre Projekte hineinreden lassen wollen, dann wählen Sie eine Betreuerin, die ohnehin

wenig Zeit für Beratungsgespräche hat. Gehören Sie aber zu den eher anleitungsbedürftigen Menschen, suchen Sie sich eine Betreuerin, die sich dafür viel Zeit nehmen kann.

- *Die Vernetztheit*: Eine inner- und außeruniversitär gut vernetzte Professorin kann Ihnen viel leichter Zugänge zu Kongressen, Fachtagungen, Publikationsmöglichkeiten verschaffen als eine Professorin, die kaum jemand kennt. Gleichzeitig steigt bei zunehmender Vernetztheit Ihrer Betreuerin natürlich die Gefahr, dass Sie vor lauter Anfragen, am Workshop X, der Fachtagung Y oder dem Publikationsband Z teilzunehmen, gar nicht mehr die Zeit für Ihre eigene Dissertation finden – dass Sie zur Fliege im Netz Ihrer Professorin werden.
- *Das Image des Faches* beziehungsweise der Fakultät an der in Betracht kommenden Universität: Es ist in Deutschland dank der föderalen Bildungslandschaft glücklicherweise (noch) nicht so, dass sie an einer »Eliteuniversiät« promovieren müssten, um sich einen akademischen Namen zu machen oder um später beruflichen Erfolg zu haben. Trotz der mannigfachen Bemühungen vieler Universitäten, hohe Positionierungen in Rankings zu besetzen und Drittmittel aus den immer wieder neu aufgelegten Elitenförderungsprogrammen einzuwerben, haben wir in Deutschland (bisher) weder so etwas wie die amerikanischen »Big Five« oder das englische Oxford/Cambridge-Duopol noch die französischen Grandes Écoles. Trotzdem gibt es auch in Deutschland Fächer oder Institute, die an der Universität X einen besseren Ruf haben als an der Universität Y. Welche das jeweils sind, kann ich Ihnen hier natürlich nicht verraten. Das müssen Sie selbst herausfinden. Nur soviel: Ein öffentlich publiziertes *Universitäts*ranking ist nicht hilfreich dabei, das wissenschaftliche Ansehen eines *Instituts* zu ermitteln. *Ihr* Fach wird möglicherweise an der Eliteuniversität X viel schlechter repräsentiert als an der »Normalouniversität« Y.
- *Die Bereitschaft, Ihre Promotion auch dann zu betreuen, wenn Sie sich von vornherein nicht für eine akademische Karriere, sondern für außerakademische Berufsoptionen qualifizieren möchten.* Idealerweise sollte Ihre Betreuerin in diesem Fall eine Expertise oder ein Netzwerk besitzen, die die Anschlussfähigkeit Ihrer Promotion in Wirtschaft oder Verwaltung sicherstellen kann. Wenn Sie kumulativ promovieren, sollte Ihre Betreuerin sich mit

den Publikationsbedingungen der einschlägigen Journale auskennen, ebenso sollte eine entsprechende Expertise vorhanden sein, falls Sie Ihre Arbeit auf Englisch verfassen wollen (oder müssen).

- *Die Attraktivität des Hochschulstandortes:* Vorausgesetzt, Sie wollen Ihren Lebensmittelpunkt an den Hochschulstandort verlegen, an dem die von Ihnen favorisierte Betreuerin lehrt, ist die Attraktivität der Stadt in die Überlegungen einzubeziehen. Denn selbst ein ideales Betreuungsverhältnis wird Ihnen mittelfristig kaum darüber hinweghelfen können, wenn Sie sich mit dem Leben in Ihrer Universitätsstadt nicht arrangieren können oder wollen. Ein Beispiel: Eine Promotionsstipendiatin, die aus einem afrikanischen Land kommt, hat mir berichtet, dass Professorin X an der Universität Y für Ihr Fach eigentlich die am besten geeignete Person gewesen sei. Die Stipendiatin hat dann aber die Berichterstattung über regelmäßig stattfindende rassistische Kundgebungen in der entsprechenden Stadt zur Kenntnis nehmen müssen und sich aufgrund dessen nach einer Alternative umgesehen.
- *Der politische Wertekanon* der Betreuerin beziehungsweise des Instituts. Insbesondere wenn Sie selbst ein politisch engagierter Mensch sind, sollten Sie sich zumindest grob über das politische Mindset der von Ihnen favorisierten Betreuerin informieren. (zum Beispiel durch Artikel in der Tagespresse oder Informationen vom AStA.) Es hat nämlich nur geringe Erfolgsaussichten, wenn Sie selbst etwa betont progressiv-ökologische Ansichten vertreten sollten und gleichzeitig versuchen würden, bei einer bekannten erzkonservativen Professorin zu promovieren. Natürlich sind mathematisch-naturwissenschaftlich-technische Fächer von dieser Problematik der inkompatiblen politischen Mindsets seltener betroffen als geistes- und sozialwissenschaftliche Fächer, doch auch hier kann es zu großen Problemen kommen, wenn Sie zu spät merken sollten, dass der von Ihrer Betreuerin oder Ihrer Fakultät vertretene Wertekanon dem Ihrigen diametral entgegengesetzt ist.

Die Frage, wie die Persönlichkeiten, das wissenschaftliche Renommee, der Vernetzungsgrad und die allgemeine Betriebsamkeit der infrage kommenden Betreuerinnen einzuschätzen sind, wird uns übrigens weiter unten (im Abschnitt »Professorinnentypen« ab S. 106) erneut beschäftigen.

KONTAKTAUFNAHME

Sie haben also einige Professorinnen als mögliche Betreuerinnen Ihrer Promotion in die engere Wahl genommen. Der nächste Schritt besteht dann darin, Termine mit den Sekretariaten der infrage kommenden Professorinnen auszumachen. (Telefonisch, nicht per Email. Emails landen gerne mal im Spam!) In den meisten Fällen werden Sie bereits am Telefon Informationen über bestimmte Vorbedingungen erhalten: Etwa, dass man für ein erstes Kontaktgespräch bereits die Einsendung eines Exposés erwarte. Koordinieren Sie die verschiedenen Termine gut – und sagen Sie auf jeden Fall rechtzeitig ab, wenn Sie einen Termin nicht wahrnehmen können! Vermeiden Sie unter allen Umständen, bei den Sekretärinnen Ihrer möglichen späteren Betreuerinnen einen unhöflichen Eindruck zu hinterlassen, denn sie sind die Mittlerinnen zwischen Ihren Interessen und denen Ihrer Betreuerin. (Sie sind unheimlich wichtig!)

Das Vier-Augen-Gespräch mit den möglichen zukünftigen Betreuerinnen ist von entscheidender Bedeutung, denn das allerwichtigste Kriterium für die Betreuerinnenwahl ist *die persönliche Eignung der Betreuerin.* Die Professorin muss *Ihnen* sympathisch sein (und idealerweise auch umgekehrt), und das können Sie nur in einem persönlichen Gespräch herausfinden. Gehen Sie nicht das Wagnis ein, bei jemandem zu promovieren, bei dem sie das Gefühl haben, es könnte im Zwischenmenschlichen zu Problemen kommen – mag dieser jemand auch noch so renommiert, vielbeschäftigt und perfekt vernetzt sein. Denn vergessen Sie nicht: Sie begeben sich freiwillig in eine mehrjährige Abhängigkeitsbeziehung zu dieser Person, weshalb nicht nur sachliche (fachliche) Aspekte wichtig sind, damit sie gemeinsam mit Ihrer Betreuerin eine gute Promotion zustande bringen, sondern auch emotionale.

Verhalten Sie sich weder kriecherisch noch überheblich: Bekommen Sie also weder weiche Knie vor dem Namen einer weltberühmten »Koryphäe« noch tun Sie klüger, als Sie sind. Formulieren Sie sachlich Ihre Vorstellung von Ihrem wissenschaftlichen Projekt und seien Sie bereit, an dieser frühen Stelle schon mit inhaltlicher Kritik, mit Erweiterungsvorschlägen oder sogar mit der kompletten Ablehnung Ihres Themas konfrontiert zu werden. Formulieren Sie insbesondere auch Ihre eigenen Erwartungen, die Sie an die Betreuungssituation stellen – denn schließlich hat Ihr Gegenüber auch ein Interesse daran, abschätzen zu können, wie groß der Betreuungsaufwand werden wird.

Im Falle einer inhaltlichen Verständigung über das Promotionsprojekt (und gegenseitiger persönlicher Sympathie) kommt es nach einem solchen Vier-Augen-Gespräch in der Regel schon dazu, dass die Professorin Ihnen zu erkennen gibt, Ihre Promotion betreuen zu wollen. In der Regel wird dazu eine »Betreuungsvereinbarung« abgeschlossen, eine Art Compliance-Kodex, ein fakultätsweit verwendetes Standardformular, das die gegenseitigen »Erwartungen« von Doktorandin und Betreuerin schriftlich fixiert. (Früher begnügte man sich mit der mündlichen Zusage seitens der Betreuerin.) Diese Betreuungsvereinbarung ist (zusammen mit Ihrem Hochschulabschlusszeugnis) die formale Voraussetzung zur »Zulassung zur Promotion«, die Sie bei der entsprechenden Fakultät einreichen müssen. Mit der Zulassung beginnt dann die sogenannte »Qualifikationsphase« Ihrer Promotion. Das heißt, Sie sind ab diesem Zeitpunkt offiziell »Doktorandin« beziehungsweise eine »Promovierende«.

STRUKTURIERTE PROMOTION ODER INDIVIDUALPROMOTION?

Wenn Ihnen solch ein Abhängigkeitsverhältnis zu einer einzelnen Person unheimlich sein sollte: Seit ein paar Jahren gibt es in Deutschland die Möglichkeit, sich für »strukturierte Promotionsprogramme« nach dem Vorbild der PhD-Ausbildung zu bewerben, wie sie an nordamerikanischen und britischen Universitäten üblich ist. Dabei handelt es sich um an verschiedenen Universitäten angesiedelte, von der Deutschen Forschungsgemeinschaft (DFG) finanzierte Graduiertenkollegs. Im November 2019 liefen 56 derartige Projekte in geistes- und kulturwissenschaftlichen Fächern, 77 im Bereich der Biomedizin und Pharmakologie und 87 im MINT-Bereich.

Bevor Sie sich zu früh freuen: Der Einstieg in diese Promotionsprogramme führt immer noch traditionell über eine einzige Betreuerin, die Sie gegebenenfalls für eine strukturierte Promotion vorschlägt. Und: Im Gegensatz zum angelsächsischen PhD ist der Abschluss einer strukturierten Promotion hierzulande nicht mit dem Recht verbunden, an einer Universität zu lehren – genauso wenig wie der traditionelle Doktortitel übrigens.

Aber immerhin: Sie wären als Teilnehmerin an einem solchen Programm nicht einer einzigen Betreuerin (der »Doktormutter« oder dem »Doktorvater«) zugeordnet (und in gewisser Weise ausgeliefert), sondern würden von einem Team an Betreuerinnen und Mentorinnen im Promotionsverlauf gemanagt werden. Sie würden auch enger mit Kolleginnen zusammenarbeiten, weil die einzelnen Forschungsprojekte in einem mehr oder weniger koordinierten Zusammenhang mit dem Forschungsprogramm des gesamten Kollegs stehen, das heißt, Sie hätten weniger Gelegenheit zu akademischem Einzelgängerinnentum, als es bei der klassischen individuellen Promotion der Fall wäre. Allerdings würden Sie auch häufiger zu regelmäßigen Erfolgskontrollen herangezogen werden – was für den Fortschritt eines Promotionsprojekts förderlich sein kann, Ihnen persönlich aber in geringerem Maße das Gefühl von »akademischer Freiheit« vermitteln dürfte als bei einer klassischen Promotion. Wenn Sie also ein eher geselliger Typ sind, ein Thema haben, das zum Forschungsdesign eines Graduiertenkollegs passt, oder wenn Ihre Fragestellung zu einer interdisziplinären Bearbeitung drängt, dürfte die Bewerbung an einem Graduiertenkolleg eine Überlegung wert sein. Für Naturwissenschaftlerinnen besonders, denn für sie bieten sich darüber hinaus die Promotionsprogramme der außeruniversitären Forschungseinrichtungen an, wie die der Fraunhofer-Gesellschaft, der Helmholtz-Gemeinschaft, der Leibniz-Gemeinschaft und der Max-Planck-Gesellschaft. Für ausländische Studierende sind die internationalen Promotionsprogramme interessant, die auf den Seiten des Deutschen Akademischen Austauschdiensts (DAAD) präsentiert werden.

Doch wie immer Sie sich auch entscheiden, ob für eine klassische Promotion oder für eine strukturierte Promotion in einem Graduiertenkolleg: Sehr früh, nämlich am besten, schon bevor es zu einem ersten persönlich Treffen mit einer zukünftigen Betreuerin kommt, sollten Sie sich die Zeit nehmen für die sorgfältige Erstellung eines Exposés.

EIN EXPOSÉ SCHREIBEN

Funktional ist das Exposé gleichzeitig ein Programmplan Ihres Promotionsprojektes (zu Ihrem eigenen Gebrauch) und ein Bewerbungsschreiben (für gleich mehrere Gelegenheiten). Sie empfehlen sich dadurch Ihrer zukünftigen Betreuerin, es bildet die Grundlage für die Bewerbung auf eine wissenschaftliche Stelle und es ist ebenso die Voraussetzung dafür, ein Stipendium zu erlangen, wenn sie sich um ein solches bewerben wollen.

Inhaltlich sollte das Exposé eine Einführung in Ihr Promotionsthema beinhalten, eine vorläufige Gliederung Ihrer Dissertationsschrift und schließlich einen mit den einzelnen geplanten Arbeitsschritten verknüpften Zeitplan. Es ist die schriftliche geistige Vorwegnahme des gesamten zukünftigen Forschungsprozesses (inklusive des Abfassens der Dissertation) auf wenigen Seiten Papier. Das Paradoxe an einem Exposé ist: Sie müssen so tun, als wüssten Sie schon alles, als hätten Sie alles durchgeplant. Und Ihre zukünftige Betreuerin muss so tun, als würde sie Ihnen das glauben. Das gehört zu den Spielregeln.

Dass diese Darstellung ihres Promotionsplans in den meisten Fällen nur sehr wenig mit dem tatsächlichen Verlauf Ihrer Promotion zu tun haben wird, dass sich Ihr erstes Gliederungskonzept für die Dissertation von Ihrer endgültigen Gestalt bis zur Unkenntlichkeit unterscheiden wird, dass Zeitpläne in der Realität so gut wie nie eingehalten werden: Darauf kommt es gar nicht an.

Was potenzielle Leserinnen aus Ihrem Exposé herauslesen können wollen, ist: dass Sie eine wissenschaftlich sinnvolle Fragestellung formulieren können; dass Sie überhaupt planvoll an ein Projekt heranzugehen in der Lage sind; dass das Projekt inhaltlich in einem Bearbeitungszeitraum von drei Jahren realisierbar sein könnte. Dass das Exposé tatsächlich kaum ein realistisches Abbild Ihres zukünftigen Promotionsprojektes ist, sondern eher werblichen Charakter hat, liegt an seiner Funktion: Mit dem Exposé werben Sie für Ihr Projekt. Es kommt in der Hauptsache darauf an, dass Sie sich gut darin »verkaufen«.

Bei den einzelnen Punkten, die in Ihrem Exposé Erwähnung finden sollten, können Sie sich an dem orientieren, was Sie schon bei Ihrer Masterarbeit als einführende und strukturierende Elemente des Inhaltsverzeichnisses verwendet haben. Oder Sie recherchieren einfach nach Exposés von ähnlichen Forschungsvorhaben, um sich davon inspirieren zu lassen. Oder Sie fragen Freundinnen, die bereits ein Exposé geschrieben haben. Das Exposé sollte auf jeden Fall Folgendes beinhalten:

- Eine ganz kurze *Einführung* in die spezifische Problemstellung Ihres Faches, in deren Rahmen Ihr spezielleres Forschungsinteresse einzuordnen ist. Sie müssen nicht erklären, was – um ein Beispiel zu wählen – die Literaturwissenschaft ist; aber dass sich die Literaturwissenschaft (u. a.) mit »Alteritätsartikulationen im frühen 20. Jahrhundert« befasst, wäre durchaus erklärungsbedürftig.
- Eine knappe, möglichst einprägsame Formulierung der von Ihnen angedachten *Fragestellung*.
- Einen kurzen Hinweis auf die *Forschungslage* (sie sollten demonstrieren, dass sie schon etwas zu Ihrem Thema gelesen haben), gerne auch mit einem Hinweis auf »Desiderate«.
- Die »*Positionierung*« Ihrer Fragestellung / Ihres Forschungsansatzes in Bezug auf die vorhandene Forschung.
- Die Nennung einer *Theorie*, besser mindestens zweier Theorien, die für Ihre Fragestellung einschlägig sind, mitsamt einer Selbstpositionierung des von Ihnen bevorzugten Theorieansatzes.
- Die Nennung der von Ihnen intendierten *Methode*.
- Überlegungen, wie Sie die *Erschließung von Daten* angehen wollen: Gibt es Vorfeldexperimente, auf die Sie sich beziehen können? Haben Sie sich Gedanken um den Feldzugang gemacht (wenn Sie zum Beispiel Interviews machen wollen)? Sind alle Literaturquellen zugänglich, und wenn ja: wo?
- Eine vorläufige *Gliederung* der zu schreibenden Dissertation.
- Ein *Zeitplan*; hier sind eventuelle Auslandsaufenthalte zu berücksichtigen.
- Eine *Literaturliste*.

Gehen Sie nicht leichtfertig mit dem Exposé um! Gerade wenn die Finanzierung Ihrer Promotion von einer Stelle an einem Institut oder von einem Stipendium abhängig sein sollte, hängt ja besonders viel von der Überzeugungskraft Ihres Exposés ab. Verschwenden Sie andererseits aber auch nicht zu viel Zeit mit dem Exposé. Denn wenn es auch schon den Charakter einer Dissertation im Kleinen tragen soll: Es ist nur das Programmheft, nicht die Aufführung selbst. (Dieses Thema wird im Kapitel »Die Produktionsphase der Promotion« ab S. 71 noch einmal aufgegriffen und ausführlicher behandelt.)

Sobald Sie wissen, bei wem – und vor allem: an welcher Fakultät – Sie promoviert werden wollen, sollten Sie sich die aktuelle Promotionsordnung dieser Fakultät beschaffen. Sie ist Ihr formaler Leitfaden für die organisatorische Koordination der nächsten Schritte, die Sie absolvieren müssen, damit Ihr Promotionsprojekt offiziell wird. Studieren Sie vor allem die Abschnitte über die formalen Voraussetzungen zur Beantragung des Promotionsverfahrens und eventuelle Zeitfristen, die beachtet werden müssen. Manche Fakultäten verlangen noch weitere Studienleistungen über den Masterabschluss hinaus, sodass sie neben der Arbeit an Ihrer Dissertation noch Seminare absolvieren müssen. Sollten Sie zum Beispiel kein Latinum besitzen und in einem Studiengang promovieren wollen, der dies laut Promotionsordnung voraussetzt, ist es jetzt höchste Zeit, das nachzuholen. Dies sollte alles in Ihren Zeit- und Organisationsplan einfließen. Wie wichtig die Promotionsordnung ist, soll die folgende Erzählung verdeutlichen. Sie beruht auf Tatsachen, die handelnden Personen sind nicht frei erfunden!

DIE GESCHICHTE VON DER VERSCHWUNDENEN PROMOTIONSORDNUNG

Eine Freundin von mir, die schon längst einem regulären Beruf außerhalb der Universität nachgeht, hat in ihrer Freizeit an der Dissertation gearbeitet, was – wie man sich angesichts dieser Umstände denken kann – viele Jahre dauerte. Glücklicherweise sind ihr die Prüferinnen in dieser langen Zeit nicht »weggestorben« (ich schreibe »glücklicherweise«, weil ich selber das Pech hatte, dass meine Betreuerin kurz vor der Prüfungsphase starb), und das gesamte Promotionsverfahren schritt gemächlich (und von allem Beteiligten fast unbemerkt) voran.

Irgendwann hatte sie genug Quellen studiert, Akten ausgewertet, die Sekundär- und Tertiärliteratur zu ihrem Thema rezipiert, kurzum: Sie hatte ein ansehnliches Quantum Text produziert, in Teilen wieder verworfen, neu formuliert, umgruppiert, hin und her gewendet, hier ergänzt, dort gekürzt, mit Exkursen versehen ... die Textmasse also war aufgegangen, und endlich fand sie, die Dissertation sei fertig, es gebe zu diesem Thema fortan nichts mehr zu sagen, wenigstens von ihrer Seite nicht. Punkt. Ende.

Drei Gedanken beschäftigten sie nun: Sie musste sich bei ihren Prüferinnen wieder in Erinnerung rufen – und welchen schöneren Anlass dafür kann es geben, als »Vollzug« zu melden und das Opus Magnum als PDF an die Doktormutter zu schicken? Außerdem galt es, die Präliminarien der mündlichen Prüfung zu besprechen und etwaige Termine zu koordinieren – und darüber hinaus hatte sie sich Gedanken um die Veröffentlichung des Textes zu machen.

Nach dem mühevollen Abfassen einer Einleitung – die, wie alle Einleitungen, zugleich eine Einführung ins Thema und eine Zusammenfassung der Ergebnisse ist, also eigentlich noch mal die ganze getane Arbeit in Zeitraffer wiederholt (dazu später mehr) – gab meine Freundin, sobald ihre Prüferin verlautbart hatte, dass es ihrerseits keine Änderungswünsche mehr gebe, das gesamte Textkonvolut an eine Lektorin, die Tippfehler und gelegentliche stilistische Nachlässigkeiten ausmerzte, die Zitate vereinheitlichte und ein Register anfertigte, sodass der Text nun als »satzfähig« gelten und Verhandlungen mit einem Wissenschaftsverlag aufgenommen werden konnten. Außerdem wurden noch zwei »maschinenschriftliche« Exemplare auf dem eigenen Laserdrucker ausgedruckt und in einem Copyshop geheftet, um sie, versehen mit einer Notiz zur eigenen Person sowie der Bemerkung, dass es sich hier um eine »Dissertation zur Erlangung der Doktorwürde« (was denn auch sonst?) handle, nebst einer »eidesstattlichen Erklärung«, dass hier nicht gepfuscht worden sei, bei der Fakultät abgeliefert.

Die Verhandlungen mit dem Verlag liefen gut. Man war sich relativ schnell einig über die Auflagenhöhe (niedriger dreistelliger Betrag) und Kosten (mittlerer vierstelliger Betrag), und der Verlag schickte das PDF nach einer kurzen Kontrolle weiter an die Setzerin – es handelte sich um einen der besseren Verlage, die ihren Autorinnen nicht auch noch die undankbare Aufgabe des Layoutens aufbrummen (was heute leider fast die Regel ist). Den »Waschzettel« (der Werbetext zum Buch, der kurz auf den Inhalt eingeht und ein paar biografische Schnipsel zur Verfasserin enthält) saugte sich eine Praktikantin aus den Fingern, und eine Designerin wurde mit der Covergestaltung beauftragt. Mit dem Verlagsvertrag in der Tasche konnte sich meine Freundin dann zur Prüfung anmelden (diesen Hinweis hatte sie von einer Sekretärin im Büro der Fakultät erhalten – keine Anmeldung zur Prüfung ohne unterschriebenen Verlagsvertrag!)

Die Disputatio (das Prüfungsgespräch – je nach Fakultät gibt es noch eine größere mündliche Prüfung, das Rigorosum) verlief ohne Probleme, da das Promotionsverfahren ja schon von langer Hand initiiert worden war und nur Details zu einzelnen Thesen der Dissertation besprochen wurden. Das Abfragen allgemeiner Fachkenntnisse sparte man sich, es gab keinerlei Rivalitäten unter den Mitgliedern der Prüfungskommission, und niemand hatte die Absicht, aus Profilierungsgründen die Kandidatin in die Pfanne zu hauen. Alle waren froh, die Sache endlich abschließen zu können. Meine Freundin bekam eine Note, mit der alle »sehr gut leben« konnten, sowie eine Urkunde, die ihr die Erlaubnis bescheinigte, sich fortan »Dr. des.« (Dr. designatus, »für den Doktortitel vorgesehen«) nennen zu dürfen.

Da der Buchsatz (heute sagt man auch oft Layout) relativ schnell geht, buchte der Verlag, nachdem meine Freundin schnell das »Imprimatur« (die Druckgenehmigung) erteilt hatte, »zeitnah« einen Termin bei der Druckerei, um das Buch noch vor Beginn der Buchmesse ausliefern zu können (Verlage sind generell an der Einhaltung des Produktionsplans interessiert, weil es immer »vor Beginn der Buchmesse« ist).

Und während die ersten Bögen aus der Druckmaschine schossen, dachte sich meine Freundin, was sie denn jetzt zum Abschluss tun müsse, um den »echten« Doktortitel zu bekommen. »Dr. des.« oder »Doktor in spe« ist ja nichts Richtiges. Würde eine Email ausreichen, dass das Buch jetzt vorliege und man es in den Buchhandlungen kaufen könne? Oder müssten gedruckte Exemplare an die Fakultät geschickt werden? Und wenn ja: wie viele Exemplare? Um sich darüber Klarheit zu verschaffen, warf sie einen Blick in die Promotionsordnung ihrer Fakultät – *zum ersten Mal seit vielen Jahren.*

Und was las sie da?

Zum einen, dass der Titel erst mit der *Aushändigung der Promotionsurkunde* getragen werden dürfe. Ausgehändigt würden die Promotionsurkunden bei der *einmal im Jahr* stattfindenden »*Feierlichen Promotion*« (eine Festveranstaltung mit ein paar Takten Musik vom Universitätsorchester, bei der die Rektorin Feierliches und Besinnliches von sich gibt, bevor die frischgebackenen Doktorinnen der Reihe nach namentlich aufgerufen werden, um sich ihre Urkunde abzuholen; es gibt weder Häppchen noch Getränke, dafür kostet die Veranstaltung aber auch keinen Eintritt ...). Der Termin der nächsten »Feierlichen Promotion« sei beim Sekretariat der Universität zu erfragen, werde aber auch in der Presse bekanntgemacht. *Ausnahmen von dieser Regelung seien nicht vorgesehen.* Zum andern bedürfe es einer *schriftlichen Erklärung des Verlags*, dass die Dissertation in einer Auflage von mindestens 200 Exemplaren vorliege und im Buchhandel käuflich zu erwerben sei. Und: Die Verlagsausgabe müsse *textidentisch mit der Fakultätsausgabe* sein, die zur Beantragung der Doktorprüfung eingereicht wurde. Inklusive Vorsatzblatt (also inklusive der oben erwähnten eidesstattlichen Erklärung).

Dass sie den Termin für die jährliche »Feierliche Promotion« gerade um ein paar Wochen verpasst hatte, war nicht schlimm. Dann würde sie sich halt erst im nächsten Jahr Doktor ohne »des.« nennen können. Die erforderliche Erklärung seitens des Verlags war auch kein Problem (obwohl man über diese in der Promotionsordnung formulierte Bedingung schmunzelte, denn eigentlich müsste der Vertrag zwischen Autorin und Verlag ja als Beweis dafür, dass das Buch veröffentlicht wird, ausreichen). Wirklich schlimm war die Sache mit der Textidentität. Denn es ist bei gedruckten Dissertationen durchaus nicht mehr üblich, dass das Vorsatzblatt, das der Fakultät eingereicht werden muss, mitgedruckt wird. Dass ausgerechnet die für sie geltende Promotionsordnung (die inzwischen von neueren Promotionsordnungen abgelöst worden war, aber für ihr Promotionsverfahren eben immer noch galt) noch diesen altväterlichen Passus enthalten würde, wusste niemand. Man hätte eben mal reingucken sollen!

Kurzzeitig überlegte meine Freundin, den Verlag zu bitten, die gesamte Auflage einzustampfen und mit dem Vorsatzblatt neu zu drucken. Aber das wäre teuer geworden, zu teuer für diese Lebensphase. Die Lösung war am Ende einfach: Man druckte 300 Exemplare der eidesstattlichen Erklärung aus und klebte sie per Hand in die Bücher ein, die sich glücklicherweise noch alle im Lager des Verlags befanden.

Ein Jahr später nahm sie an der »Feierlichen Promotion« teil und hatte ihre Doktorurkunde in der Hand.

Und was lernen wir aus dieser Anekdote?

Besorgen sie sich frühzeitig die für ihr Promotionsverfahren gültige Promotionsordnung! Jede Fakultät hat eine eigene. *Lesen Sie sie aufmerksam.* Lassen Sie sich eventuell unverständliche Formulierungen erläutern. *Nehmen Sie die Promotionsordnung später in ihrer Promotionszeit gelegentlich zur Hand*, insbesondere, wenn es um die Koordinierung zeitlicher Abläufe vor und in der Prüfungsphase und um die Einreichungsbedingungen von Texten, Belegen, Zeugnissen, eidesstattlichen Erklärungen usw. geht. Und ganz wichtig: *Lesen Sie sie noch einmal durch, bevor Sie Ihre Dissertation zum Druck geben!*

Das war bereits ein gedanklicher Ausflug an das Ende des Promotionsverfahrens, der Sie erst mal nicht weiter beunruhigen sollte. Kommen wir zum Abschluss des Kapitels zum Organisatorischen noch einmal auf den Anfang zurück.

Sie haben sich entschieden zu promovieren. Sie haben Ihr Thema, Ihre Betreuerin und ihre Hochschule gefunden. Gut! Es bleibt nun nur noch die Frage zu klären, wovon Sie in den nächsten Jahren leben wollen.

FINANZPLANUNG

Sie haben ein Millionenvermögen geerbt, oder Ihre Eltern oder ihre Partnerin sind so reich und zugleich so spendabel, dass Sie sich um die Finanzierung Ihrer Promotion keine Gedanken machen müssen? Herzlichen Glückwunsch! Dann können Sie den Rest dieses Kapitels überschlagen.

Alle anderen müssen sich wohl oder übel Gedanken über die Finanzierung der nächsten Jahre machen, die sie für ihre Promotion realistischerweise brauchen werden. Ich rede hier nicht von den geradezu reflexhaft genannten drei Jahren, die eine Promotion angeblich dauert. Diese Zahl ist eine Mystifikation, denn sie beziffert nicht die tatsächliche Dauer einer tatsächlichen Promotion, sondern die durchschnittliche Förderungsdauer (zwei Jahre plus 2 × 6 Monate Verlängerung), die eine Stipendiatin eines der 13 bundesdeutschen Begabtenförderungswerke erwarten kann. (Die Begabtenförderungswerke verwalten Mittel des Bundesministeriums für Bildung und Forschung beziehungsweise des Auswärtigen Amts und haben dementsprechend die Richtlinien dieser Behörden zu befolgen; dazu später mehr.)

Realistisch sind vier Jahre (in »strukturierten Promotionsprogrammen«) und fünf Jahre bei individuellen Promotionen; in geisteswissenschaftlichen Fächern sind es durchschnittlich noch ein paar Monate mehr. Doch auch hier handelt es sich um gemittelte Zahlen. Ihre eigene Promotionszeit kann durchaus länger sein als dieser Durchschnitt!

Machen Sie zunächst eine Kostenaufstellung: und zwar nicht für den gesamten Zeitraum von fünf Jahren, denn dann würde Ihnen sofort schlecht werden; sondern eine Aufstellung der ungefähren monatlichen Fixkosten, die auf Sie zukommen. (Das ist ein überschaubarer Betrag, der nicht sofort Herzrasen verursacht.) Sie setzen sich zusammen aus folgenden Posten:

- Miete
- Mietnebenkosten
- Strom- und Heizkosten
- Steuern und Abgaben
- Versicherungen (insbesondere Krankenversicherung)
- Semesterbeitrag beziehungsweise Studiengebühr,
- Kosten für Arbeitsmittel, Kommunikationsmittel und Mobilität
- Lebenshaltungskosten (Nahrung, Kleidung, Körperhygiene)

Sie sollten sich unbedingt bei Ihrer Krankenversicherung erkundigen, ob sie die geltende Rechtslage, dass Promovierende keinen Rechtsanspruch mehr auf den vergünstigten Studierendentarif (»Ausbildungstarif«) haben, wörtlich nimmt. Denn die verschiedenen Krankenkassen gehen mehr oder weniger kulant mit Promovierenden um: Bei einigen können Sie sich bis zum Alter von 30 Jahren noch nach dem verbilligten Tarif versichern, bei anderen sogar bis 34 Jahre. Für den Fall, dass Sie ein Stipendium von einem der 13 Begabtenförderungswerke bekommen, sollten Sie auf jeden Fall eine Krankenkasse wählen, die das Stipendium als steuerfreies Einkommen anerkennt – dann zahlen Sie nämlich nur einen Krankenversicherungsbeitrag auf der »Mindestbeitragsbemessungsgrundlage«. Erkundigen Sie sich gleichzeitig bei Ihrer Krankenkasse, wie sich die Beitragsbemessung ändert, wenn Sie einen Uni-Job haben. Da die Krankenkassen immer von Wettbewerb reden: Machen Sie sich das zunutze und wechseln Sie zu der Krankenkasse, die Ihnen den besten Tarif bietet! Und wenn Sie verheiratet sind: Dann können Sie sich über die Ehepartnerin kostenlos »familienversichern«.

Zu Ihrem Überschlag der auf Sie zukommenden monatlichen Kosten gehören auch forschungsbedingte Ausgaben, die zum Teil nur einmal anfallen oder sich nur schwierig als Anteil an den monatlichen Kosten vorausberechnen lassen: Computer, Fachliteratur, Büromaterial, eventuell Kosten für Forschungsreisen und Kongressteilnahmen. (Sie können im Vorfeld nicht wissen, ob sie an dem Kongress XY, der in zwei Jahren stattfinden wird, teilnehmen sollten, oder ob Sie sich das sparen können. Ebenso kann Ihnen ein Forschungsaufenthalt im Ausland zu Beginn Ihrer Promotion überflüssig erscheinen und sich später als unbedingt notwendig herausstellen. Einen Computer haben Sie wahrscheinlich ohnehin schon, er kann aber unverhofft kaputtgehen, usw.

Bedenken Sie bitte, dass Sie bei der Berechnung Ihres monatlichen Geldbedarfs noch einen Betrag berücksichtigen sollten, der für spontane Käufe, den Besuch von Kulturveranstaltungen, Freizeitaktivitäten oder für das Nachtleben reserviert ist – für *das Leben* also (insofern Ihr Leben als Doktorandin aus mehr bestehen sollte als aus Arbeit und der Erhaltung der basalen Körperfunktionen).

Ein Wort noch zur Steuer: Geben Sie während Ihrer Promotionszeit jährlich eine Einkommensteuererklärung ab! Auch und gerade wenn Sie nur ein »negatives Einkommen« haben. Denn das können Sie später – wenn Sie einmal »richtiges Geld« verdienen sollten – als Verlust eintragen. Dazu zählen alle Kosten, die für Sie im Zusammenhang mit der Promotion anfallen, vom Bleistift über Kongressgebühren bis hin zu den Kosten, die für die Veröffentlichung der Dissertation anfallen. Die einzige Bedingung: Es muss für das Finanzamt plausibel sein, dass Ihre Promotion in einem Zusammenhang mit Ihrer späteren Berufswahl steht.

Denken Sie dann über mögliche Einnahmequellen nach. Einnahmequellen – neben einer eventuellen Unterstützung durch die Eltern, den Dividenden aus Ihrem Aktienportfolio oder einer solventen Partnerin – gibt es drei: eine Beschäftigung an der Universität (beziehungsweise einem Forschungsinstitut), einen Job außerhalb der Forschung, ein Stipendium. Alle drei Einnahmequellen können (in Grenzen) miteinander kombiniert werden. Zum Jobben brauche ich hier nicht viel zu sagen: Sie wissen selbst am besten, wo Sie sich in Ihrer Unistadt als studentische Aushilfe verdingen können. Deshalb rede ich hier jetzt nur über Univerträge und Stipendien.

BESCHÄFTIGUNGSVERHÄLTNISSE AN DER UNIVERSITÄT ODER AN EINEM FORSCHUNGSINSTITUT

Es gibt prinzipiell zwei Varianten: »Qualifikationsstellen« (Wissenschaftlicher Mitarbeiter), die aus den Haushaltsmitteln der Hochschule finanziert werden, und »Drittmittelstellen«, deren Finanzierung eingeworben werden muss. Die Bezahlung richtet sich im Allgemeinen nach dem Tarifvertrag für den öffentlichen Dienst der Länder (TV-L; das Land Hessen hat einen eigenen Tarifvertrag, TV-H), und darin jeweils nach der Entgeltgruppe 13. Qualifikationsstellen sind auf maximal 6 Jahre befristet, sie können allerdings nach einer erfolgreichen Promotion (und beiderseitigem Wunsch nach Weiterbeschäftigung) einmalig um weitere 6 Jahre verlängert werden (bei Medizinerinnen sogar um 9 Jahre). Das ist dann die Postdoc-Phase. (Den Gesetzestext zu den Befristungen finden Sie im Wissenschaftszeitvertragsgesetz – WissZeitVG).

Das Schöne (und zugleich Belastende) an Qualifikationsstellen ist, dass Sie als wissenschaftliche Mitarbeiterin in den akademischen Betrieb eingebunden werden. Denn das Hochschulrahmengesetz (HRG) sieht vor, dass Promovierenden »ausreichend Gelegenheit zu eigener wissenschaftlicher Arbeit gegeben« werden soll, aber auch, dass Ihnen »wissenschaftliche Dienstleistungen obliegen«, die nicht näher spezifiziert werden, und dass Ihnen in »begründeten Fällen [...] die selbständige Wahrnehmung von Aufgaben in Forschung und Lehre übertragen werden« kann (§ 53 HRG).

Schön daran ist, dass Sie dadurch viele Einblicke in den Hochschulalltag von der »anderen Seite«, also der nichtstudentischen Seite bekommen, dass Sie (falls Sie mit der Abhaltung von Lehrveranstaltungen beauftragt werden) Ihre pädagogischen Fähigkeiten und Ihre »Bühnenpräsenz« trainieren können, und vor allem, dass Sie eine Menge informelles Wissen aufnehmen können und Menschen treffen, die am Lehrstuhl beschäftigt sind, an die Sie sonst nie herankämen.

Belastend kann es allerdings sein, wenn Sie an eine Professorin geraten, die übergroßen Wert auf die Erbringung »wissenschaftlicher Dienstleistungen« aller Art legt und sich dabei einen sehr weiten Interpretationsspielraum vorbehält, was eine »wissenschaftliche Dienstleistung« ist und was nicht – und die dabei aus dem Blick verliert, dass eine Qualifikationsstelle hauptsächlich dazu dienen sollte, dass Sie Ihre Promotion voranbringen können. (Lesen Sie dazu auch unten den Abschnitt »Die Vielbeschäftigte«, S. 106 ff.)

Drittmittelstellen sind meistens projektgebunden, und die Dauer der Finanzierung richtet sich nach der Laufzeit des Projekts – ist also immer zu kurz. Um die Mitteleinwerbung für ein Folgeprojekt (zur Anschlussfinanzierung) müssen Sie sich meist selbst kümmern, da von Ihnen als Inhaberin einer Drittmittelstelle erwartet wird, dass Sie sich im Metier der Drittmitteleinwerbung auskennen. Haben Sie allerdings erfolgreich Drittmittel eingeworben, ist das ein Pfund, mit dem Sie später auf dem Arbeitsmarkt wuchern können. (»Was haben Sie bisher so gemacht?« – »Ich habe wissenschaftlich geforscht!« – »Meh ... und sonst so?« – »Ich bin gut in Marketing ...« – »Ok. Gekauft!«)

Der Einwerbungs-, Administrations- und Evaluationsaufwand ist hoch, denn natürlich möchte der Finanzier Ihrer Promotion genau über den Fortschritt Ihrer Bemühungen und den Zusammenhang dieser Bemühungen zum Fortschritt des Gesamtprojekts informiert werden. (Die Stipendiengeber verfahren da übrigens nicht anders.) Darüber hinaus sind Sie auch als Inhaberin einer Drittmittelstelle nicht davor gefeit, mit mehr oder weniger wörtlich zu nehmenden »wissenschaftlichen Dienstleistungen« beauftragt zu werden: Mit der Erstellung von Sitzungsprotokollen, Pressetexten, der Organisation von Tagungen, redaktionellen Aufgaben bei der Publikation von Tagungs- Sammel- und sonstigen Bänden, der Betreuung von Studentinnen oder Praktikantinnen usw. Sie sind auf einer Drittmittelstelle also keineswegs freier als auf einer Qualifikationsstelle, nur hat die Drittmittelstelle eine kürzere Laufzeit.

Häufig sind auch Kombinationen aus Qualifikations- und Drittmittelstellen – denn nirgendwo steht geschrieben, dass es sich dabei immer um Vollzeitstellen handeln muss. »Halbe« oder gar »Viertel« Mitarbeiterstellen sind gängige Praxis, der Rest Ihres monatlichen Auskommens wird dann aus Drittmitteln bestritten, oder Sie müssen sonst wie aufstocken.

STIPENDIEN

Hier lassen sich zwei Großgruppen unterscheiden: die 13 Begabtenförderungswerke, die aus den Mitteln des Ministeriums für Bildung und Forschung (BMBF) und des Auswärtigen Amts (AA) schöpfen, und freie Stipendiengeber, die sich teils an die Vorgaben des BMBF halten, teils nicht. Einen ersten Überblick über die Vielfalt möglicher Stipendien und dahinter stehender Institutionen können Sie sich auf der Seite »stipendienlotse« des Bildungsministeriums verschaffen (www.stipendienlotse.de). Da sich die Förderbedingungen bei den fast 200 freien Stipendiengebern (von »Airbus Operations GmbH« bis »ZONTA Club München II«) naturgemäß erheblich unterscheiden, kann ich hier keine speziellen Tipps geben. Schauen Sie einfach im Netz, welche Institution zu Ihnen und Ihrem Promotionsthema passen könnte.

Die 13 Begabtenförderungswerke arbeiten – anders als die freien Stipendiengeber – unter einheitlichen Vorgaben des BMBF, weshalb hier einige strukturelle Hinweise zu diesen Promotionsstipendien gegeben werden können.

Die Idee der Begabtenförderungswerke stammt aus der Weimarer Republik. Zum einen handelt es sich da um die von Friedrich Ebert angeregte (und nach seinem Tod 1925 gegründete) Stiftung, die proletarischen sozialistischen Studenten bei der Finanzierung des Studiums unter die Arme greifen sollte, und zum anderen um die Studienstiftung des deutschen Volkes, die aus dem Dachverband der studentischen Selbsthilfevereine, der »Wirtschaftshilfe der Deutschen Studentenschaft« hervorging, ebenfalls 1925. Die Friedrich-Ebert-Stiftung wurde im Nationalsozialismus verboten, die Studienstiftung gleichgeschaltet – doch wurde Letztere bereits vor der Verkündigung des Grundgesetzes der Bundesrepublik wieder neu gegründet, die Umwandlung der nach dem Krieg ebenfalls neugegründeten Friedrich-Ebert-Stiftung in einen gemeinnützigen Verein folgte 1954.

Der Gedanke, die Vergabe von Stipendien für begabte Nachwuchswissenschaftlerinnen nicht einer einzigen zentralen Institution zu überlassen, sondern die Auswahl und Betreuung der Stipendiatinnen auf mehrere Institutionen zu verteilen, die jeweils eine bestimmte gesellschaftliche Gruppe repräsentieren, führte in der Bundesrepublik zu einer wachsenden Zahl von Begabtenförderungswerken: konfessionsgebundenen, parteinahen, gewerkschafts- und wirtschaftsnahen Stiftungen, meist in der Rechtsform des »eingetragenen Vereins«. Ich liste die 13 Förderwerke nach dem Jahr ihrer Aufnahme in die öffentliche Förderung auf:

- 1948: Studienstiftung des deutschen Volkes – www.studienstiftung.de
- 1948: Evangelisches Studienwerk Villigst – www.evstudienwerk.de
- 1954: Friedrich-Ebert-Stiftung – parteinahe Stiftung (SPD) – www.fes.de
- 1955: Konrad-Adenauer-Stiftung – parteinahe Stiftung (CDU) – www.kas.de
- 1956: Cusanuswerk (Förderwerk der katholischen Kirche) – www.cusanuswerk.de
- 1958: Friedrich-Naumann-Stiftung – parteinahe Stiftung (FDP) – www.freiheit.org
- 1966: Hanns-Seidel-Stiftung – parteinahe Stiftung (CSU) – www.hss.de
- 1977: Hans-Böckler-Stiftung – gewerkschaftsnahe Stiftung – www.boeckler.de
- 1990: Rosa-Luxemburg-Stiftung – parteinahe Stiftung (Die Linke) – www.rosalux.de
- 1994: Stiftung der Deutschen Wirtschaft – www.sdw.org
- 1996: Heinrich-Böll-Stiftung – parteinahe Stiftung (Bündnis 90/Die Grünen) – www.boell.de
- 2009: Ernst-Ludwig-Ehrlich-Studienwerk (ELES) – Förderwerk der jüdischen Gemeinschaft – eles-studienwerk.de
- 2013: Avicenna-Studienwerk – Förderwerk für muslimische Studierende und Promovierende – www.avicenna-studienwerk.de

Laut Auskunft der Bundesregierung wurden im Jahr 2017 von allen 13 Werken zusammen 4.001 Doktorandinnen gefördert. Davon waren 2.065 Frauen (= 51 %), 856 Doktorandinnen mit Migrationshintergrund (= 21 %) und eine nicht genannte Zahl Promovierender aus »bildungsfernen Haushalten« beziehungsweise »Erstakademikerinnen«. Naturgemäß ist die statistische Erfassung des Bildungshintergrunds schwieriger als die der Staatsangehörigkeit der Eltern oder des Geschlechts – der Schulabschluss Ihrer Eltern steht halt nicht im Pass. Daher verweist die Bundesregierung auf eine Umfrage der Studienstiftung bei den von ihr geförderten Promotionstipendiatinnen der Abschlussjahrgänge 2003 bis 2012, nach der 30 Prozent aus einem nichtakademischen Elternhaus stammen. (Weiteres zum Bildungshintergrund der in Deutschland Promovierenden finden Sie weiter unten, S. 133.)

Im selben Jahr – 2017 – wurden an allen deutschen Hochschulen (laut Statistischem Bundesamt) 28.404 Menschen promoviert, was circa 1 % der in diesem Jahr eingeschriebenen Studierenden (2.844.978) entspricht. Dagegen ist die Quote der Promotionsförderungen durch die 13 Förderwerke gar nicht so schlecht: 4.001 gegen 28.404, das sind 14 Prozent. Sie sollten also keinesfalls die Option eines Promotionsstipendiums in den Wind schlagen, weil Sie etwa glauben, dass Ihre persönlichen Chancen zu gering seien. Sehen Sie es mal so: Wenn Sie sich zur Promotion entschlossen haben, ist die Wahrscheinlichkeit, ein Promotionsstipendium zu bekommen, 14-mal höher als die Wahrscheinlichkeit zu Beginn des Studiums, Ihr Studium überhaupt mit einer Promotion abzuschließen ...

Wenn Sie sich also »weltanschaulich« mit einem der 13 Begabtenförderungswerke anfreunden können, sollten Sie die Gelegenheit nutzen und sich die erforderlichen Bewerbungsinformationen beschaffen (online!). Beachten Sie aber schon im Vorfeld folgende Aspekte:

- Sie können sich für ein Promotionsstipendium auch dann bewerben, wenn sie während Ihres Studiums noch nicht von einem der Begabtenförderungswerke unterstützt wurden. Sie sollten sich allerdings möglichst früh bewerben, am besten *gleich, nachdem Sie die Zulassung zur Promotion erhalten haben,* und nicht erst, wenn Sie bereits zwei oder drei Jahre im Promotionsprozess stecken.
- Bei der finanziellen Förderung einer Promotion kommt es nicht darauf an, dass Sie nach dem Bundesausbildungsförderungsgesetz BAföG-berechtigt sind; das heißt, *das Elterneinkommen spielt keine Rolle.*
- Eine Förderung durch eine *parteinahe* Stiftung setzt *nicht* die Mitgliedschaft in der Partei voraus, derer sich die entsprechende Stiftung »nahe« fühlt. Doch sollten Sie sich zumindest vorstellen können, diese Partei zu *wählen.* Das heißt, Sie sollten über eine argumentativ gestützte politische Meinung verfügen, die den gesellschaftspolitischen Idealen der jeweiligen Stiftung einigermaßen entspricht. Sollten Sie beispielsweise dem Anarchosyndikalismus zugetan sein, empfiehlt sich eine Bewerbung bei der Hanns-Seidel-Stiftung nicht. Und wenn Sie von sich selbst behaupten, ein »eher unpolitischer« Mensch zu sein, empfiehlt sich eine Bewerbung bei den parteinahen Stiftungen generell nicht.
- Für eine Förderung durch eine konfessionelle Stiftung gilt natürlich dasselbe. Sich als Katholikin beim Evangelischen Studienwerk zu bewerben, wäre abwegig.
- Gleichwohl sind Mehrfachbewerbungen möglich – also die gleichzeitige (oder fast gleichzeitige) Bewerbung bei unterschiedlichen Förderwerken. Die Förderwerke wollen das dann allerdings auch von Ihnen wissen. Das heßt, Sie sollten bei Mehrfachbewerbungen unbedingt mit offenen Karten spielen (die Förderwerke sind vernetzt und wissen voneinander). Auch hier gilt natürlich das Gebot der weltanschaulichen Nähe.

Sich gleichzeitig bei der Hanns-Seidel-Stiftung und der Rosa-Luxemburg-Stiftung zu bewerben, wird sich mit ziemlicher Sicherheit zu Ihren Ungunsten auswirken (»Politisch nicht gefestigt!«). Gleichzeitig bei der Rosa-Luxemburg-Stiftung, der Heinrich-Böll-Stiftung, der Böckler-Stiftung und dem Evangelischen Studienwerk geht theoretisch, wirkt aber immer noch etwas beliebig. Gleichzeitig bei Rosalux und Böckler dürfte kein Problem sein.

- Alle Förderwerke verlangen den Nachweis eines »*gesellschaftspolitischen Engagements*«. Das kann vom ehrenamtlichen Deutschunterricht für Geflüchtete bis zur Mitgliedschaft im Festkomittee eines Schützenvereins so ziemlich alles sein, was von Ihnen (a) nicht aus finanziellen Gründen gemacht wird und (b) in irgendeiner Form gemeinschaftsdienlich ist. Wenn Sie *nie* ehrenamtlich gearbeitet haben, brauchen Sie sich bei den Begabtenförderungswerken nicht zu bewerben. Es spielt aber auch keine ausschlaggebende Rolle, wenn Sie auf keine jahrelange ehrenamtliche Betätigung zurückblicken können. Hauptsache, Sie können in Ihrer Bewerbung auf ein ehrenamtliches Engagement verweisen, das sie nicht erst kurz vor dem Zeitpunkt der Bewerbung aufgenommen haben.
- Die 13 Förderinstitutionen nennen sich nicht zum Spaß »*Begabten*förderungswerke«. Wenn Sie Ihren Master mit Ach und Krach geschafft haben sollten, wenn Sie den Plan zu promovieren nur gefasst haben sollten, weil Ihnen nichts Besseres eingefallen ist, wenn Sie tief im Inneren der Ansicht sind, überhaupt nicht der Typ für wissenschaftliches Arbeiten zu sein – dann sind Ihre Aussichten, von einem Begabtenförderungswerk aufgenommen zu werden, gering. (Das widerspricht dem zuvor Gesagten von der 14-prozentigen Chance nur scheinbar: Denn schon die bloße Tatsache, dass Sie ein Buch mit dem Titel »Der Weg zur Promotion« in der Hand halten, spricht ja eher dafür, dass Sie durchaus ein zumindest rudimentäres Interesse an wissenschaftlichem Arbeiten haben. Reden Sie sich also bitte nicht ein, zu wenig »begabt« zu sein!) Abschlussnoten unter 2,0 sind kein Ausschlusskriterium, sie bedürfen dann nur eines höheren Begründungsbedarfes seitens Ihrer Gutachterinnen.
- Die Begabtenförderungswerke zahlen Ihnen (Stand 2020) einen monatlichen Betrag von 1.350 Euro + 100 Euro Forschungskostenpauschale

(Promovierende mit Kind erhalten zusätzlich eine Familienzulage) – für zwei, maximal drei Jahre. Neben der finanziellen Unterstützung (die Sie übrigens, anders als das BAföG, nicht zurückzahlen müssen) bieten sie alle eine sogenannte »ideelle Förderung«. Dabei handelt es sich um Seminare, Tagungen und weitere Veranstaltungen, auf denen Sie sich mit Gleichgesinnten vernetzen, Kontakte zu Fachleuten außerhalb Ihrer eigenen Hochschule herstellen, sich beruflich oder politisch weiterbilden können. Die Teilnahme an diesen Veranstaltungen ist – bis auf wenige Ausnahmen – freiwillig. Falls Sie skeptisch sind, kann ich Sie beruhigen: Die ideelle Förderung der Begabtenförderungswerke hat nichts von »Kaderschmieden«.

- Die Förderwerke haben nichts zu verschenken. Sie müssen sich gegenüber ihrem »Zuwendungsgeber« (Amtsdeutsch!) rechtfertigen, weshalb gerade Sie die Zusage für ein Stipendium erhalten, Ihre Kommilitonin nebenan aber nicht. Natürlich wird nicht jede Stipendienvergabe einzeln überprüft – stattdessen haben sich bürokratische Routinen entwickelt, die das Qualitätsniveau der Begabtenförderungswerke insgesamt sichern sollen. Entsprechend hoch sind der Verwaltungsaufwand und die Dokumentendichte, die Sie schon beim Bewerbungsverfahren beibringen müssen, damit die Förderwerke genug Anhaltspunkte finden, um Ihre persönliche »Förderwürdigkeit« belegen zu können: Neben formalen Dokumenten – wie der Zulassungsbescheid zum Promotionsstudium oder das Sprachzeugnis und der Aufenthaltsstatus (für ausländische Doktorandinnen) – sind dies auch inhaltlich aufschlussreiche Schriftstücke: Ein ausführliches Exposé ihres Promotionsprojektes (inklusive Zeitplan) wird ebenso für die Bewerbung verlangt wie zwei (!) Fachgutachten: ein »Empfehlungsschreiben« Ihrer Betreuerin und ein weiteres von einer zweiten Hochschullehrerin. Besprechen Sie sich deshalb unbedingt vorab schon mit Ihrer Betreuerin und bitten Sie sie um das benötigte Fachgutachten – bevor sie die Online-Bewerbung starten! Denn ab der Aufforderung, die Bewerbungsdokumente einzureichen, haben Sie eine Frist von drei Wochen – bis dahin müssen Ihre Unterlagen eingegangen sein. Ungünstig, wenn Ihre Betreuerin erst in dieser Zeit erfährt, dass sie Ihnen ein Fachgutachten ausstellen soll ...
- Ungeachtet des Termin- und Organisationsdrucks, den das Bewerbungs-

verfahren Ihnen auferlegt, ist der Bewerbungsprozess eine langwierige Angelegenheit und kann von Förderwerk zu Förderwerk etwas unterschiedlich sein. Ihre Bewerbung erfolgt in der Regel zunächst online. Dann werden Sie aufgefordert, Ihre Unterlagen einzureichen. Falls ihre Bewerbungsdokumente den formalen Kriterien genügen (also vollständig und fristgerecht eingesandt wurden), werden Sie in das »engere« Bewerbungsverfahren aufgenommen: Sie bekommen irgendwann eine Mitteilung über den Termin zu einem Bewerbungsgespräch bei einer »Vertrauensdozentin« (VD) des potenziellen Stipendiengebers. Sollten Sie bei diesem Gespräch einen guten Eindruck machen, das heißt, sollten Sie sich als weltanschaulich informiert, gesellschaftspolitisch engagiert und wissenschaftlich begabt darstellen können, dann steigen ihre Chancen, zu einem weiteren Gespräch mit einem Mitglied des Auswahlausschusses eingeladen zu werden. Hinterlassen Sie auch dort einen positiven Eindruck, ist es wahrscheinlich, dass Sie bei einer der mehrmals im Jahr stattfindenden Sitzungen des Auswahlausschusses auf die Liste der »Zusagen« kommen.

- Beachten Sie, dass zwischen der Bewerbung, der Zusage und schließlich der Auszahlung des ersten monatlichen Stipendiengeldes viele Monate vergehen! Ein Dreivierteljahr ist nicht unrealistisch, also kalkulieren Sie diese »Finanzierungslücke« unbedingt in ihren Promotionsfinanzierungsplan mit ein!

Trotz all dieser Bedenken möchte ich Sie hier noch einmal ausdrücklich dazu ermutigen, sich bei einem der Begabtenförderungswerke um ein Promotionsstipendium zu bewerben! Die Chancen, eines zu bekommen, sind – wie oben schon gesagt – gar nicht so gering. Die meisten erfolglosen Bewerbungsversuche scheitern übrigens in der allerersten Phase des Auswahlverfahrens an »formaler Unzulässigkeit«, das heißt, die Unterlagen sind nicht vollständig oder nicht fristgerecht eingereicht worden. Machen Sie sich bitte klar, dass die allermeisten Bewerbungen um ein Stipendium an diesen rein formalen Hürden scheitern!

Zum Schluss möchte ich noch einmal die wichtigsten Schritte aufzählen, die am Anfang eines Promotionsprojektes beachtet werden sollten:

- Gründe für oder gegen die Entscheidung für eine Promotion abwägen
- Themen und mögliche Betreuerinnen ausfindig machen
- Einen Finanzplan erstellen
- Gesprächstermine vereinbaren
- Exposé schreiben und Zeitplan erstellen
- Vier-Augen-Gespräch mit Betreuerin führen; optimales Ergebnis: Unterzeichnung einer »Betreuungsvereinbarung«; suboptimales Ergebnis: Gespräch mit anderer Betreuerin suchen
- Promotionsordnung besorgen und die »Zulassung zur Promotion« beantragen
- Um ein Promotionsstipendium bewerben

DIE REZEPTIONSPHASE DER PROMOTION

In diesem Abschnitt betone ich zunächst eine scheinbare Selbstverständlichkeit: Dass das Recherchieren wissenschaftlicher Literatur immer mit der Notwendigkeit einhergeht, diese auch zu lesen und die Ergebnisse dieser Auseinandersetzung in irgendeiner Form festzuhalten. Es folgen vier Vorschläge der Literaturbeschaffung, die letztlich allesamt Varianten des sogenannten »Schneeballprinzips« darstellen, das durch Ausführungen zur Online-Recherche ergänzt wird. Es folgt ein Zwischenspiel zu Lektüretechniken, bevor auf die beiden Varianten der Literaturverwaltung eingegangen wird: Das »handwerkliche Literaturverzeichnis« und das »maschinelle Literaturverzeichnis«. Letzteres behandle ich sehr ausführlich anhand einer kritischen Auseinandersetzung mit der Literaturverwaltungssoftware »Citavi«.

Sie stehen am Beginn ihrer Promotionszeit, in der »Qualifikationsphase«, Sie haben eine Doktormutter oder einen Doktorvater gefunden, haben ihr oder ihm den Vorschlag für ein Forschungsthema unterbreitet, das mit Freude oder mit leichtem Stirnrunzeln »angenommen« wurde, und da stehen Sie nun: Allein, ein unbeschriebenes Blatt in der *Academic Society*, eine Papierqualifikation und eine rechtlich nicht einklagbare »Betreuungsvereinbarung« in der Hand und – wenn Sie ganz ehrlich zu sich selbst sind – »keine Ahnung von nix«. (Alle, die sich von dieser Charakterisierung nicht getroffen fühlen, mögen dieses Kapitel überblättern.)

Sie haben sich einen Promotionsratgeber gekauft, und der rät Ihnen, am Anfang zwei Wochen Zeit für die Literaturrecherche einzuplanen. Dieser Rat ist richtig und falsch zugleich. Richtig – denn die Arbeit an einem Dissertationsthema erfordert selbstverständlich zunächst einmal die Recherche einschlägiger Literatur. Der Rat ist aber falsch, wenn er so aufgefasst werden sollte, dass mit einer zweiwöchigen Recherchephase das Thema Literatur ad acta gelegt werden könnte.

Die Recherche einschlägiger Literatur ist kein »Arbeitsabschnitt« innerhalb der Promotionsphase, der isoliert von anderen Arbeitsabschnitten abliefe oder beendet werden könnte.

Denn erstens: Die Literaturrecherche ist ein *unendlicher Prozess.* Schon heute kann zu Ihrem Dissertationsthema ein neuer Aufsatz erscheinen, der ihrer gestern beendeten Recherche entgangen ist. Das Verzeichnis *sämtlicher* Literatur zu einem Thema gibt es nicht.

Zweitens: Recherche, als das Sammeln von Titeln einer themenspezifischen Literatur verstanden, ist nutzlos, wenn man sie nicht mit der Lektüre dieser Titel verbindet. Der alte Spruch: »Gut kopiert ist halb studiert« war eben noch nie wahr. 1000 PDFs zu Ihrem Dissertationsthema belegen erst mal nur Speicherplatz auf ihrer Festplatte, und auch ein terrabytegroßes Citavi-Projekt ist zunächst nur Datenmüll. Soll heißen: In einem festgesteckten Zeitabschnitt von einigen Wochen ist die Lektüre auch nur der wichtigsten Schriften illusorisch. Außerdem bedarf die Lektüre des gesammelten Materials wiederum der schriftlichen Fixierung, sonst ist sie vergessen und weg. Mit anderen Worten: *Recherche geht mit dem Lesen des recherchierten Materials und der schriftlichen Zusammenfassung und Kommentierung dieser Leseerfahrungen einher.* Das Sammeln der Literatur, das Lesen und das Schreiben darüber ist ein zusammenhängender Prozess, der – ich wiederhole es – Ihre Promotionszeit dauerhaft begleiten wird. Literaturrecherche bedeutet nämlich nicht das Erstellen einer Literatur- oder Zitatenliste, sondern das *Arbeiten* mit dieser Liste. *Es geht nicht um die Reproduktion möglichst langer Wörterketten, sondern um das Internalisieren von Wissen.*

Drittens: Dieser langwierige Prozess der Literaturverarbeitung wird von Ihnen zu einem bestimmt-unbestimmten Zeitpunkt abgebrochen werden, denn Ihre Dissertation soll am Ende aus etwas anderem bestehen als einer endlosen Reihung von Kommentaren. Bestimmt wird dieser Zeitpunkt dadurch, dass Sie eine Art Sättigungsgefühl bekommen werden. Sie werden den Eindruck haben, dass es jetzt »reicht« und Sie genug zu ihrem Thema wissen. *Unbestimmt* ist dieser Zeitpunkt, da Sie nicht planen können, wann dieses »Sättigungsgefühl« bei Ihnen einsetzen wird.

Ich weiß: Wenn Sie Forschungsberichte oder Exposés zu Ihrer Dissertation anfertigen müssen, wird immer wieder gefordert, dass Sie einen Zeitplan erstellen (oder den allerersten Zeitplan, den Sie zusammen mit Ihrem allersten Exposé angefertigt haben, modifizieren). Schließlich muss Ihr Dissertationsprojekt ja von den betreuenden Institutionen oder eventuellen Stipendiengebern kontrolliert werden können, und Zeitpläne sind für Außenstehende gute Anhaltspunkte, um zu beurteilen, ob Ihr Forschungsdesign innerhalb einer vorgegebenen Zeit realistischerweise umsetzbar ist. Selbstverständlich werden Sie da nicht schreiben: »Meine Recherchephase ist unendlich«, oder: »Zeitplan für das erste Jahr: Literaturrecherche.« Sie werden da hoffentlich etwas schreiben, das so klingt wie »realistischerweise umsetzbar«. Und vermutlich zielt der oben erwähnte Rat des informativen Promotionsratgebers auch genau darauf ab.

Irgendwann werden Sie jedenfalls die Rezeptionsphase beenden und in die Produktionsphase Ihrer Dissertation, das eigentliche Schreiben eintreten. Aber denken Sie daran: Die Recherche ist nie ganz beendet.

Denn Sie werden einen Punkt in Ihrer Promotionszeit erreichen, an dem Sie merken, dass Sie an einer bestimmten Stelle immer noch zu wenig wissen. Das heißt, das Sammeln, Rezipieren und Auswerten von Literatur geht (in diesem einen fraglichen Punkt) von vorne los. Und dies wird Ihnen vermutlich mehr als einmal passieren.

Worauf ich hinaus will: Literaturrecherche, in einem umfassenden Sinn verstanden, also als das Beschaffen von und die Auseinandersetzung mit Literatur, ist kein Punkt auf einer To-do-Liste, kein Abschnitt innerhalb eines »Projekts«, hinter das Sie ein Häkchen setzen könnten.

Gleichwohl haben auch unendliche Prozesse ihren Anfang, und die nächste Frage ist jetzt: Wie gehen sie ganz zu Beginn Ihrer Promotion vor, wenn es um die Literaturbeschaffung geht?

LITERATURBESCHAFFUNG

Erste Antwort: Genauso, wie Sie auch vorgehen würden, wenn Sie im Alltag Informationen über ein Wort, einen Begriff oder eine Sache benötigen: Sie googeln! Und hoffentlich steht der entsprechende Wikipedia-Eintrag weit oben in der Trefferliste. Und wenn Sie noch mehr Glück haben, finden sich im Wikipedia-Artikel schon die ersten Literaturangaben. *Diese* Titel besorgen Sie sich in der Bibliothek ihrer Wahl, *leihen sie aus* und *lesen* sie. (Ob es sich um die »richtigen« und »wichtigen« Titel zu Ihrem Thema handelt, ist egal. Es kommt erst einmal darauf an, sich in das Thema hineinzulesen, und da hilft Einführungsliteratur genauso wie die Lektüre der epochemachenden Spitzenbeiträge der Forschung, manchmal sogar noch besser!)

Zweite Antwort: Sie sind bereits im Besitz eines Buches oder eines Aufsatzes zu Ihrem Thema. Sehr gut! Wenn es sich dabei um Fachliteratur handelt, findet sich darin immer ein Literaturverzeichnis. Lesen Sie das Buch oder den Aufsatz und besorgen sich die Titel des Literaturverzeichnisses in der Bibliothek und lesen dann die. Wie Sie eine qualifizierte Bresche durch diesen Dschungel schlagen, erkläre ich Ihnen später. Jetzt heißt es: Thema besser kennenlernen.

Dritte Antwort: Sie gehen direkt in Ihre Instituts- oder Universitätsbibliothek und konsultieren die Fachlexika, Fachwörterbücher und Fachbibliographien Ihres Faches, also die sogenannte »Tertiärliteratur«. Falls Sie die Nomenklatur der verschiedenen wissenschaftlichen Fachliteraturen vergessen haben sollten, hier noch einmal zur Info:

- **Primärliteratur** besteht aus »Quellen«, das heißt, sie gehört zu dem von Ihnen in Ihrer Dissertation untersuchten Problembereich dazu (oder sie ist selbst das Thema der Dissertation). Beispiel: Kafka, Franz: Die Verwandlung. Mit dem Faksimile des Quartheftes im Schuber, mit Franz-Kafka-Heft 4 und Reprint der Erstausgabe. Frankfurter Kafka Ausgabe (FKA). Historisch-Kritische Ausgabe sämtlicher Handschriften, Drucke und Typoskripte. Hrsg. v. Roland Reuß und Peter Staengele. Frankfurt am Main 2003.
- **Sekundärliteratur** besteht aus Texten von Wissenschaftlerinnen über das von Ihnen untersuchte Thema. Dabei handelt es sich entweder um Monografien (= ein ganzes Buch über ein Thema, meist von einer einzigen Autorin) oder um Sammelbände (= mehrere Aufsätze von unterschiedlichen Autorinnen zum Thema) oder um einzelne Aufsätze (die wiederum in Sammelbänden, Festschriften und wissenschaftlichen Zeitschriften veröffentlicht worden sind) beziehungsweise um Kongressbeiträge (die in den entsprechenden Tagungsbänden veröffentlicht worden sind). Beispiel: Deleuze, Gilles; Guattari, Félix: Kafka. Für eine kleine Literatur. Frankfurt am Main 1976.
- **Tertiärliteratur** sind Hilfsmittel, die die bestehenden Primärquel-

len und Sekundärtexte zu erschließen helfen, wie Handbücher, Fachlexika, Fachbibliografien. Im Prinzip kann man auch Lexikonartikel, die nicht aus Fachlexika stammen, dazuzählen. Einen Wikipedia-Artikel (mit Literaturverzeichnis) würde ich ohne Weiteres als Tertiärliteratur bezeichnen, obwohl er Ihnen die Sichtung der klassischen Tertiärliteratur nicht ersparen wird. Beispiel: Neue Deutsche Biographie (NDB) Bd. 11: Kafka – Kleinfercher.

Vierte Antwort: Sie sprechen mit Ihrer Betreuerin oder Fachkolleginnen und fragen sie nach Lektüreempfehlungen für Ihr Spezialgebiet. Das ist ein bisschen heikel, denn man müsste sich dann die Blöße geben, dass man ein Noob ist. Es hat aber den großen Vorteil, da man auf diesem Wege auch an unveröffentlichte Manuskripte kommen kann, an die sogenannte »graue Literatur«, die sich in den Bibliothekskatalogen zum Teil nicht oder seltener finden lässt. Sie bekommen von einer Kollegin an Ihrem Institut zum Beispiel den Tipp, dass eine Bekannte von ihr gerade an einem Aufsatz sitzt, der sich genau Ihrem Thema widmet? Immer her damit!

Ihnen wird vielleicht aufgefallen sein, dass ich mehrfach den Gang in die Bibliotheken erwähnt habe und bisher gar nicht auf die Möglichkeiten einer (über Wikipedia hinausgehenden) Online-Recherche eingegangen bin. Dabei bin ich kein Gegner der Internet-Recherche – tatsächlich ist es das auch von mir selbst am meisten genutzte Recherchemedium. Natürlich sollten Sie die Online-Kataloge Ihrer Universitätsbibliothek, die Online-Angebote naheliegender Fachinstitute und die Online-Kataloge von Bibliotheksverbünden nutzen (dazu gleich mehr). Aber machen Sie sich bitte klar, dass nur ein Bruchteil der von Ihnen (on- oder offline) recherchierten Literatur überhaupt in digitaler Form zur Verfügung steht! Unter dieser Voraussetzung bleibt Ihnen der Weg in eine real existierende Bibliothek (und die eigene physische Präsenz dortselbst) ohnehin nicht erspart. Sie werden mit Papier umgehen müssen, ob Sie das für veraltet halten oder nicht.

Insbesondere die Sammlungen kleinerer Bibliotheken (wie Institutsbibliotheken) bieten darüber hinaus einen nicht zu unterschätzenden Vorteil für die Sichtung einschlägiger Literatur, weil sie ihre Bestände zumeist nach thematischen Schwerpunkten ordnen. (Anders als die Universitätsbibliotheken, die ihre Bestände meist nach Anschaffungsdatum ordnen.) Um beim obigen Beispiel zu bleiben: Die Unibibliotheken werden Monografien zu Kafka überall verstreut aufbewahren, weshalb Sie als Forscherin oft auch gar keinen direkten Zugang zu den Beständen bekommen werden und es etwas Zeit kostet (in der Regel einen Tag), bis die von Ihnen bestellte Literatur vom Bibliothekspersonal in einem Apparat zusammengestellt ist. Bibliotheken der germanistischen Seminare werden im Gegensatz dazu meist den Großteil der (monografischen) Sekundärliteratur zu Kafka an einem Ort griffbereit haben, nämlich hinter der Primärliteratur, also hinter den Kafka-Ausgaben selbst. Sie kommen mit eigenen Händen an die Bestände heran, bekommen eine Vorstellung von der Kafka-Forschung »im Ganzen« und einen physischen Eindruck von dem Lektürepensum, das Sie bewältigen müssen.

Ein Nachteil der meisten Institutsbibliotheken sei allerdings nicht verschwiegen: Bei ihnen handelt es sich zumeist um »Präsenzbibliotheken«, das heißt, Sie dürfen die Bücher nur innerhalb der Bibliothek benutzen und sie nicht mit nach Hause nehmen. Sie können diesen Nachteil jedoch in einen Vorteil für sich ummünzen, wenn Sie den erzwungenen Gang zur Institutsbibliothek als strukturierendes Element in Ihren Tagesablauf einbauen. Außerdem ist die Arbeitsatmosphäre in einem Lesesaal oder Arbeitsraum natürlich eine ganz andere als in Ihrem eigenen Zuhause. Viele können dort kontinuierlicher und konzentrierter arbeiten, da sie nicht von persönlichen Dingen umgeben sind oder von Prokrastinationsgedanken abgelenkt werden. (Niemand überlegt sich, in der Institutsbibliothek Staub zu saugen!) Und Sie können nebenher »Gesichtspflege« betreiben: Wenn Sie in den Räumen Ihres Instituts arbeiten, werden Ihnen zwangsläufig Kolleginnen und Professorinnen begegnen; man kommt ins Gespräch, und mit der Zeit tauschen Sie den Schutz der Anonymität ein gegen den Vorteil wachsender Bekanntheit, gegen »Präsenz« – und das kann kein Nachteil sein.

DAS SCHNEEBALLPRINZIP

Die bisher gegebenen Antworten auf die Frage nach dem Beginn der Literaturrecherche waren eigentlich nur verschiedene Variationen einer klassischen Recherchetechnik, die als das »Schneeballprinzip« bezeichnet wird:

Literatur verweist auf Literatur verweist auf Literatur. Das Schneeballprinzip hat einen Vorteil und einen Nachteil. Der Vorteil besteht darin, dass Sie relativ schnell bemerken werden, dass manche Titel Ihres Forschungsgebiets häufiger in den verschiedenen Literaturverzeichnissen auftauchen als andere, was Ihnen einen ersten Anhaltspunkt für eine *Hierarchisierung* der zu bewältigenden Literaturmasse gibt. Der Schneeball wird zur Lawine. Nehmen Sie an, das oben erwähnte Buch von Gilles Deleuze und Félix Guattari würde in fast jedem Aufsatz über Kafka zitiert werden, dann versteht es sich fast von selbst, dass es sich offenbar um ein wichtiges Kafka-Buch handelt. Also sollte es auf Ihrem eigenen Lektüreplan weit oben stehen.

Der Nachteil des Schneeballprinzips besteht darin, dass Sie damit zwar auf die wichtige Literatur stoßen, aber immer nur auf *alte* wichtige Literatur. Die Suchrichtung, die sich von Literaturverzeichnis zu Literaturverzeichnis hangelt, ist chronologisch immer rückwärtsgerichtet. Weswegen Sie die epochemachende Veröffentlichung über Kafka, die nächste Woche erst erscheinen wird, auf diese Weise gar nicht mitbekommen.

Sie haben also den Anfang mit der Literaturrecherche gemacht und sind dabei auf die wichtige Literatur zu ihrem Forschungsgebiet gestoßen, auf jene Werke, die man »kennen muss«, um überhaupt »mitreden zu können«. Wie aber halten Sie sich über Ihr Thema auf dem Laufenden? Wie erschließen Sie aktuelle Literatur?

ONLINE-RECHERCHE

Erst an diesem Punkt können meines Erachtens die »schnellen« Recherchemedien ihren Vorteil ausspielen. Ein guter Einstieg wäre beispielsweise der über eine Zeitschriftendatenbank (oder besser sogar mehrere solcher Online-Datenbanken). Ich erspare mir hier eine Aufzählung der entsprechenden Internetangebote. Zum einen, weil eine URL, wenn sie hier in gedruckter Form vorliegt, sich schnell ändern kann – das ist der Fluch der Aktualität. Zum anderen, weil es für die unterschiedlichen Forschungsgebiete unterschiedliche Spezialdatenbanken gibt, deren Auflistung den Raum dieses Buches sprengen würde. Und eine fast unendliche Reihung von Internetseiten sollten Sie sich ohnehin besser in Ihrem Browser anschauen: Da können Sie direkt draufklicken.

Neben Zeitschriftendatenbanken, die Sie googeln können, bieten sich natürlich auch die Online-Kataloge der Bibliotheksverbünde an (die Sie auch googeln können). Zu empfehlen ist hier der online verfügbare »Karlsruher virtuelle Katalog« (KVK). Experimentieren Sie mit den unterschiedlichen Suchmasken, recherchieren Sie landesweit, bundesweit und international. Mit der Zeit werden Sie sich eine Routine bei der Online-Recherche angewöhnen, die Sie nutzen können, um sich im weiteren Verlauf ihrer Promotion immer wieder kurz über den aktuellen Forschungsstand zu informieren. Sie können außerdem eine Literaturverwaltungssoftware für Ihre Online-Recherchen einspannen. (Näheres dazu im Abschnitt: Literatur »verwalten« ab S. 54.)

Mit Glück landen Sie bei Ihrer Datenbankrecherche auch Treffer, die direkt auf online zugängliche Aufsätze zu Ihrem Thema verweisen. Manche sind kostenlos, andere nur gegen Bezahlung einsehbar. Erkundigen Sie sich in Ihrem Institut, ob es Finanzierungsmöglichkeiten für kostenpflichtige Fachliteratur gibt (Studierendenrabatte, Ermäßigungen bei Mitgliedschaften in Wissenschaftlichen Gesellschaften usw.) Dies gilt übrigens auch für gedruckte Literatur, die in Ihrer Universitätsbibliothek nicht im Bestand ist und per Fernleihe besorgt werden muss, was in der Regel nicht kostenlos ist.

LEKTÜRETECHNIKEN

Egal, ob Sie die benötigte Literatur nun als PDF auf ihrem Laptop oder als Druckerzeugnis auf Ihrem Schreibtisch liegen haben: Sie will gelesen werden.

Als Nächstes soll es daher um die Frage gehen: *Wie lese ich richtig?*

Hier ist eine einfache Antwort, die für alle mit der Lektürearbeit befassten Individuen gleichermaßen zutreffen würde, nicht möglich. Denn zum einen spielt nicht nur Ihre individuelle Leseerfahrung eine Rolle, sondern auch die Art der Texte, die Sie für Ihr Dissertationsthema lesen müssen. Handelt es sich hauptsächlich um informative Texte, bei denen es vor allem um aufzunehmende Fakten geht, sind der Lesemodus und die Lesegeschwindigkeit eine andere, als wenn Sie es vorwiegend mit argumentierenden Texten zu tun haben, deren Lektüre den gedanklichen Mitvollzug der Argumentation erfordert. Um zwei Extrembeispiele zu nennen: Die Bedienungsanleitung eines Kühlschranks argumentiert nicht; und Hegels Phänomenologie des Geistes ist nicht »informativ«. Selbstverständlich werden Sie die Phänomenologie des Geistes in einem langsameren Tempo lesen als die Bedienungsanleitung. Da wird auch kein »Fast-Reading«-Kurs zu Steigerung Ihrer Leseeffizienz etwas daran ändern. (Ich halte solche Kurse mit Blick auf die Leseerfordernisse einer Promotion für Zeit- und Geldverschwendung.)

Die Hürden allerdings, die wissenschaftliche Texte Ihnen als Leserin generell in den Weg legen – mit ihren oft nur schwer nachvollziehbaren Argumentationslogiken, ihren unanschaulichen Begrifflichkeiten, ihrer alles lähmenden Langeweile – diese Hürden werden sich mit der Zeit von selbst abbauen. Und zwar einfach dadurch, dass Ihre persönliche Lektüreerfahrung immer weiter wächst, je mehr Fachtexte Sie zu Ihrem Thema lesen. Fachbegriffe, über die Sie anfangs vielleicht noch gestolpert sind, die Sie in einem Fachlexikon nachschlagen mussten, hemmen später nicht mehr Ihren Lektürefluss. Durch die *permanente Auseinandersetzung mit der Fachliteratur* gewöhnen Sie sich an deren Jargon, und Sie werden sich irgendwann dabei ertappen, dass Sie selber so reden wie die Autorinnen, deren Texte für Sie am Anfang qualvoll zu lesen waren. Ihre eigene Ausdrucksweise wird zunehmend die drei Hauptmerkmale aufweisen, die den Wissenschafts-Sprech ausmachen: abstrakte Gedankengänge, weltfremde Terminologien und ein knöcherner Stil. Willkommen in der *Scientific Community!*

Es macht allerdings einen großen Unterschied, ob Sie den Jargon nur auswendig gelernt haben und nachplappern, oder ob Sie sich den zugrundeliegenden Diskurs zu eigen gemacht haben. Hier liegt eine Gefahr, die das Lesen von Texten am Bildschirm (Computer/Smartphone/E-Reader) mit sich bringt. Ich meine damit nicht die vieldiskutierte geringere Aufmerksamkeitsspanne bei der Lektüre am Bildschirm im Vergleich zur Buchlektüre, sondern den ganz besonderen Bequemlichkeitsaspekt, den die Bildschirmlektüre hat. Selbstverständlich ist es verführerisch, einen Text als PDF auf dem Rechner zu haben, da man aus ihm ja viel leichter Informations- und Begriffsschnipsel per *copy & paste* in den eigenen Text verfrachten kann, als wenn man die entsprechenden Abschnitte aus einem Buch mühsam abtippen muss. Wenn Sie das jedoch allzu oft machen, steigt die Gefahr, dass Sie Textabschnitte aus ihrem Kontext reißen. Oder dass in »Ihrem« zusammengestoppelten Text tiefe Kenntnisse suggeriert werden, wo in Wahrheit nur

Wörter von einer Datei in eine andere kopiert wurden. Einfach nur so dahingeklatschte Begriffe, gerne auch mit der Angabe derjenigen, die diese Begriffe »geprägt« haben, in Klammern dahinter, riechen schnell nach Bullshitbingo oder gar nach Plagiat.

Eine kundige Leserin Ihres Textes – und wir unterstellen hier jetzt einfach mal, dass es sich bei Ihrer Betreuerin um eine solche handelt – wird jedenfalls merken, ob Sie nur einen Jargon imitieren, oder ob Sie begriffen haben, um was es in dem Diskurs geht.

Am Ende ist die Frage: »Wie lese ich richtig?« zumindest in der Tendenz dann doch sehr einfach zu beantworten: mit den Augen, nicht mit dem Scanner. Und in dem Tempo, das der Text Ihnen vorgibt. Und noch ein persönlicher Rat – allen digitalen Techniken zum Trotz: Nichts prägt sich so gut ein wie das, was wir mit der eigenen Hand abgeschrieben haben.

LITERATUR »VERWALTEN«

Viele Promovierende wollen ihren Umgang mit der Literatur »effizient gestalten«. Sie haben eine riesige Liste abzuarbeitender Literatur generiert, eine Vermutung davon bekommen, welche Werke unabdingbar wichtig sind und welche weniger, sie haben sich bei ihrer bisherigen Lektüre auch schon Gedanken gemacht, kurze Zusammenfassungen der Lektüreeindrücke aufgeschrieben, Schlagwörter formuliert und die ein- oder andere Anmerkung notiert – und jetzt beginnt es langsam unübersichtlich zu werden.

Es geht also nicht um eine immer weitere Vergrößerung der Titelanzahl auf ihrer Literaturliste, sondern um das genaue Gegenteil: um Kriterien, die die Auswertung der Literaturlisten erleichtern und dabei helfen, überflüssige Titel auszusondern. Es geht also statt um Effizienz viel eher um Kompetenz.

Kompetenz im Umgang mit Fachliteratur erlangen Sie durch die Lektüre – und dadurch, dass Sie den Überblick über Ihre Lektüre nicht verlieren. Es gilt also, unnötiges Herumsuchen in den bisher vorliegenden Kopien, Notizen und Schlagwörtern zu vermeiden. Sie sollten sich daher eine Systematik überlegen, nach der Sie die Literatur und Ihre Rezeptionsergebnisse am besten – das heißt für ihre Bedürfnisse am zweckmäßigsten – ordnen können. Ich kann da kein allgemeingültiges System vorschlagen, weil die Wahl eines bestimmten Systems nicht nur von Ihrem Fach und Ihrem spezifischen Forschungsansatz abhängig ist, sondern – mehr noch – von Ihren individuellen Ordnungsvorstellungen. (Sind sie »kreativ« und »chaotisch«? Oder »zielorientiert« und »pedantisch«?) Ich kann daher nur auf unterschiedliche Möglichkeiten eingehen, wie man die Literaturarbeit systematisieren könnte, und kein Patentrezept anbieten.

Dreh- und Angelpunkt ist das Literaturverzeichnis, weshalb ich zwei grundsätzlich unterschiedene Herangehensweisen an die Erstellung eines solchen Verzeichnisses und an die Arbeit mit einem solchen Verzeichnis skizzieren möchte.

Vorschlag 1: Das »handwerkliche« Literaturverzeichnis

Sie schreiben die Literaturliste in einer eigenen Word-Datei (oder in einem anderen Dateiformat Ihrer Wahl: LibreOffice, LaTech – as you like it! Ich rede der Einfachheit halber im Folgenden immer nur von »Word«). Dabei ist es zunächst nicht wichtig, ob die einzelnen Angaben formalen Vorgaben entsprechen, das heißt, ob sie formal nach dem »Oxford Style Manual«, der »Harvard Business School«, der »deutschen Zitierweise« oder den Kraut-und-Rüben-Angaben im Internet aufgeführt werden. Es ist nicht einmal wichtig, einen einheitlichen Stil zu verwenden. Sie selbst – und erst mal nur Sie selbst – sollten die von Ihnen aufgeführten Titel identifizieren können, nur das ist wichtig. Die Vereinheitlichung kann später kommen.

Beispiele:

- »Oxford-Style«: Deleuze, G. & Guattari, F. (1976), ›Kafka: Für eine kleine Literatur‹. Frankfurt am Main.
- »Harvard-Style«: Deleuze, Gilles / Félix Guattari. »Kafka: Für eine kleine Literatur.« Frankfurt am Main 1976.
- »Deutscher-Style«: Deleuze, Gilles; Guattari, Félix: Kafka. Für eine kleine Literatur, Frankfurt am Main 1976.
- »Kraut und Rüben-Style«: Deleuze, Guattari – Kafka (Suhrkamp 1976)

Beachten Sie die subtilen Unterschiede, vor allem die unterschiedlichen Satzzeichen! Stellen Sie sich jetzt vor, Ihr Literaturverzeichnis mischt die verschiedenen Stile. Wäre das schlimm? Nein! Solange *Sie* eben wissen, welche Titel gemeint sind, können Sie sich über (fast) alle Formalia hinwegsetzen. Machen Sie sich nur eines zur Regel: Immer mit dem Nachnamen der Autorin anfangen! Alle obigen Beispiele sind in Ordnung, nur dieses nicht:

Gilles Deleuze, Félix Guattari: Kafka. Für eine kleine Literatur. Frankfurt am Main: Suhrkamp 1976.

Warum? Weil Sie sich natürlich die Liste von Word alphabetisch sortieren lassen, und in diesem Falle würden Sie das Buch von Deleuze und Guattari in Ihrer eigenen Liste nicht mehr finden.

Auf dieser Liste können Sie dann im nächsten Schritt die wichtigen Titel hervorheben (farblich, durch Fettdruck, durch eine andere Schriftart – Ihrer Fantasie sind keine Grenzen gesetzt). Sie können auch jene Titel, die Sie bereits rezipiert haben, hervorheben – zum Beispiel indem Sie sie mit einem Verweis zu einer weiteren Word-Datei versehen, in der sich dann Ihre Exzerpte und Notizen zu diesem Text finden. Und selbstverständlich könnten Sie auch Schlagwörter zu jedem Titel Ihrer Literaturliste anfügen. Sie haben eine Datei, die immer größer, bunter und vielgestaltiger wird, die aber jederzeit unter Ihrer Kontrolle ist – denn schließlich haben Sie sie selbst zusammengebaut.

Die Verwaltung ihrer Lektüreerlebnisse obliegt dann Ihrer eigenen Regie. Machen Sie es sich zur Gewohnheit, für jeden Titel, den Sie lesen, eine eigene Word-Datei anzulegen, die Sie im Ordner »Exzerpte« speichern. Im Laufe der Zeit werden Sie sich Unterordner anlegen, in denen Sie dann Exzerptdateien, die gemeinsame thematische Schwerpunkte haben, gruppieren. Die Übersichtlichkeit dieser Systematik steht und fällt natürlich mit der Sorgfalt, die Sie den von Ihnen selbst angelegten Ordnerstrukturen angedeihen lassen.

Notizen, die Sie auf Papier niedergeschrieben haben, können Sie parallel natürlich in einer Papierablage organisieren, Sie können sie aber auch abtippen (und somit in eine Datei verwandeln) oder scannen, wobei Sie die Scans gleich mit einer OCR-Software in Text umwandeln und direkt korrigieren sollten. (Je nachdem, ob Sie eine »Sauklaue« haben oder nicht, ist das Scannen und anschließende Korrigieren langwieriger als das Abtippen. Und bei manchen Texten ist es wichtig, die zeitgenössische Orthografie zu respektieren.)

Eine immer noch viel zu selten genutzte Möglichkeit, Lektürekommentare zu erfassen, ist die mittels der Spracherkennung Ihres Smartphones. Diktieren Sie einen Text und schicken Sie ihn sich selbst per Mail! Mit ein wenig Übung können dabei brauchbare Anmerkungen herauskommen, die nur noch einen geringen Überarbeitungsaufwand benötigen. Diese Methode, das Smartphone als Diktier- und Transkriptionsgerät zu benutzen, eignet sich besonders gut in Situationen, in denen Ihnen ein Geistesblitz kommt, während Sie gerade nicht am Schreibtisch sitzen oder keinen Notizzettel zur Hand haben. Alternativ können Sie die einfache Diktierfunktion des Smartphones verwenden, nur müssen Sie diesen Text dann aufwendig von Hand transkribieren.

Vor- und Nachteile dieses Vorschlags:

Die Art, wie Sie Ihre Lektüreerlebnisse systematisieren, liegt bei der hier vorgeschlagenen Methode voll und ganz in Ihrer Hand. Der Vorteil: Sie sind völlig frei bei der Organisation. Wenn Sie beispielsweise feststellen sollten, dass eine bestimmte Gruppe von Dateien anders verschlagwortet werden sollte, dann können Sie das ohne große Umstände tun: Einfach, indem Sie die Dateien unter einem neuen Unterordner neu gruppieren. Vor allem: Sie müssen sich kaum um Formalitäten kümmern, Sie können sich voll und ganz auf die inhaltliche Auseinandersetzung mit den Texten konzentrieren. Die Nachteile: Nachlässigkeiten wie verwirrende Ordnerstrukturen, verlorene Notizzettel, nicht transkribierte Diktate oder Ähnliches müssen Sie sich selbst zuschreiben. Der hinter diesem Vorschlag stehende Gedanke, dass die Organisation der Lesearbeit in Ihrer eigenen Regie und persönlichen Verantwortung liegt, macht es für Außenstehende schwierig, sich in Ihrem System zurechtzufinden – weshalb diese Organisationsmethode für Co-Working-Situationen weniger geeignet ist. Der größte Nachteil der hier vorgeschlagenen Methode liegt darin, dass Sie auf die Freiheit, die sie Ihnen gewährt, im Laufe Ihrer Arbeit zu einem gewissen Grad verzichten müssen: Dann nämlich, wenn Sie doch irgendwann Ihr Literaturverzeichnis formal zu vereinheitlichen haben. Und hier schlägt die große Stunde der softwarebasierten Literaturverwaltung.

Vorschlag 2: Das »maschinelle« Literaturverzeichnis

Wenn sie sich dazu entschließen, Ihr Literaturverzeichnis von Anfang an formal korrekt und einheitlich zu erstellen, dann müssen Sie sich natürlich für eine der oben erwähnten formalen Vorgaben entscheiden. Manchmal haben Sie da keine Wahl und müssen die Vorgaben beachten, die in Ihrem Fach, an Ihrem Institut oder generell in Ihrer Fakultät gelten, oder die Ihre Betreuerin Ihnen vorgibt. Erkundigen Sie sich rechtzeitig, bevor Sie Zeit für Formalia verschwenden und nachher vielleicht feststellen müssen, dass Sie eine Entscheidung getroffen haben, die dann nicht akzeptiert wird! Diese Entscheidung sollten Sie vor allem dann frühzeitig treffen, wenn Sie sich für die Nutzung eines der vielen Literaturverwaltungsprogramme interessieren.

Und damit komme ich zu dem Thema der automatisierten Literaturverwaltung, deren Vor- und Nachteile ich summarisch an den Features des relativ weit verbreiteten Programms *Citavi* des Unternehmens *Swiss Academic Software* darstellen möchte.

Der nun folgende Abschnitt ist detailreich und hat gelegentlich den Charakter einer Bedienungsanleitung. Wenn sie also bereits eigene Kenntnisse in der Benutzung von Literaturverwaltungssoftware haben oder wenn Sie von vornherein die Verwendung einer solchen Software für Ihr Projekt ausschließen, können Sie sich die (zugegebenermaßen) mühselige Lektüre ersparen.

Für alle Interessierten ohne Vorkenntnisse beginnt hier jedoch ein Abenteuer, das von der Erstinstallation des Programms über die Benutzung der verschiedenen Schaltflächen bis hin zu einem kritischen Resümee reicht – ein Unboxing-Video in Textform sozusagen. Am besten installieren Sie Citavi gleich parallel zur Lektüre mit, dann haben Sie so etwas wie ein Buch zum Film ...

Ich beziehe mich auf die (im November 2019 aktuelle) Version 6. Unter *MacOS* läuft Citavi nicht, weswegen Mac-Nutzerinnen auf konkurrierende Produkte wie *EndNote* (kostenpflichtig) oder *Zotero* (frei) zurückgreifen müssen, die jedoch funktional sehr ähnlich sind.

Es gibt eine kostenlose Version von Citavi, die Sie zum Kennenlernen und Experimentieren nutzen können. Die generierbare Literaturliste ist in der »Free«-Version allerdings auf hundert Titel beschränkt, weshalb Sie, wenn Sie Citavi wirklich ernsthaft für Ihre Dissertation nutzen wollen, eine

Softwarelizenz kaufen müssen. Alternativ können Sie sich auch bei ihrer Universität nach den Zugangsdaten für den Uni-Account erkundigen.

Eine Insider-Information vorab: Nach dem Download und vor der Installation schließen Sie bitte alle Programme, insbesondere Ihre Textverarbeitung und im Hintergrund laufende Software, die automatisch beim Systemstart Ihres Computers aufgerufen wird. Eine geöffnete Word-Datei führt nämlich zu Schwierigkeiten bei der Installation von Citavi, und manche Hintergrundprogramme führen schlicht zum Absturz des Programms! (Eine Aufzählung der konfligierenden Programme und sonstiger Probleme erspare ich Ihnen und mir an dieser Stelle.) Das Internet ist voll von Problemdiskussionen zu Citavi. Gerechterweise soll hier aber erwähnt werden, dass man auf den Supportseiten von *Swiss Academic Software* stets sehr bemüht ist, Ihnen bei allen Komplikationen zu helfen.

Und noch etwas: Überlegen Sie es sich zweimal, ob Sie Citavi auf Ihrem eigenen Rechner auch nur zu Testzwecken installieren! Falls Sie es später nämlich – aus welchen Gründen auch immer – wieder deinstallieren wollen, sollten Sie wissen, dass die Deinstallationsroutine Citavi nicht vollständig von ihrem System entfernt. Sie müssen händisch den Citavi-Ordner im Verzeichnis »Dokumente« löschen sowie die Ordner »C:\Users\IHR.NAME\AppData\Roaming\Swiss Academic Software« und »C:\Users\IHR.NAME\AppData\Local\Swiss Academic Software«. Zu allem Übel löscht Citavi beim Deinstallieren aber auch nicht die Registry-Einträge Ihres Systems, die das Programm während der Installation vorgenommen hat. Wenn Sie also keine allzu fundierten Kenntnisse in der Systemadministrierung von Windows-Rechnern haben und sich nicht trauen, System-Manipulationen im Registrierungs-Editor vorzunehmen oder eine entsprechende Software zu installieren, wird die einmalige, probeweise vorgenommene Installation von Citavi irreversible Spuren auf Ihrem System hinterlassen.

Alle Warnungen in den Wind geschlagen? Gut. Betreten Sie den Höllenkreis. *Lasciate ogne speranza, voi ch'intrate!*

Nach erfolgreichem Erststart will Citavi zunächst, dass Sie einen Account erstellen. Sie werden auch sofort mit dem Nachteil konfrontiert, den Sie als Nutzerin ohne Account haben werden: Sie können ihre Projekte nicht in der Cloud speichern. Wenn Sie ohne Account fortfahren (denn Sie wissen ja noch gar nicht, ob Sie das Programm tatsächlich nutzen wollen), begrüßt Sie das Programm bei jedem zukünftigen Start mit einem Login-Popup, das Sie schließen müssen. Sie werden sich also wohl oder übel doch einen Account einrichten, auch wenn Sie das Programm nur zu Testzwecken benutzen möchten. Der Account von »Erika Mustermann« ist übrigens schon vergeben!

Das Startfenster begrüßt Sie mit einer Liste Ihrer gespeicherten Projekte. Sie klicken unten auf das »+« bei »Neues Projekt«. Ein Fenster ploppt auf, in dem Sie den Speicherort ihres Projekts wählen können. Standardoption ist »Cloud-Projekt«, aber das wollen wir ja erst mal nicht, deshalb wählen Sie »Lokales Projekt«. Einen Projektnamen müssen Sie auch vergeben. Wenn Sie jetzt »OK« klicken, erhalten Sie eine Meldung: »Citavi-Projekt wird angelegt«, und das funktioniert auch zuverlässig: Citavi legt einen Ordner mit dem von Ihnen gewählten Projektnamen im Verzeichnis Citavi/Projects an.

Wenn Sie die Warnung oben beherzigt und alle Hintergrundanwendungen geschlossen haben, öffnet Citavi dieses Projekt dann auch in einem neuen Fenster. Sie haben nun mehrere Möglichkeiten, eine Literaturliste zu erstellen. Sie können zunächst einmal Titel händisch in die entsprechende Maske eingeben (so wie oben bei Vorschlag 1). Das ist aus zwei Gründen aber relativ witzlos, denn entweder müssen Sie diese händisch einzugebende Titelangabe ja bereits irgendwo notiert haben, was das Vorhandensein einer zweiten Literaturliste neben der des Citavi-Projekts voraussetzen würde, oder Sie kopieren die Titelangabe direkt aus einer Internetseite heraus, und dabei erweist sich die Eingabemaske als unkomfortabel, da Sie nicht die Möglichkeit haben, eine Titelangabe aus dem Netz »in einem Strich« per copy & paste in diese Maske einzufügen. Sollten Sie das tun, bekämen Sie einen recht kruden Titeleintrag:

Dokumententyp:	Buch (Monographie)
Autor:	hrkamp, Frankfurt am Main 1976, ISBN 3-518-10807-7
Titel:	
Untertitel:	
Titelzusätze:	
Mitarbeiter:	
Institution:	
Jahr:	
Verlagsort:	
Verlag:	
Anzahl der Bände:	
Auflage:	
Reihentitel:	
Bandnr. der Reihe:	
ISBN:	
Medium:	
Online-Adresse:	
Zuletzt geprüft am:	
Weitere Felder...	

Sie müssen zuerst »Gilles Deleuze« markieren, kopieren, in der Citavi-Maske bei »Autor« einfügen, dann »Félix Guattari« markieren, kopieren, in die Maske bei »Mitarbeiter« einfügen (die Eintragsmöglichkeit »Koautor« gibt es nicht), usw. usw. Lange Rede kurzer Sinn: Das Hinzufügen einzelner neuer Titel zu einem Citavi-Projekt ist umständlicher und nimmt mehr Zeit in Anspruch als bei einer simplen Word-Datei, beziehungsweise es setzt eine solche Datei (oder einen Notizzettel oder das physische Vorhandensein des Buches auf Ihrem Schreibtisch) bereits voraus.

Die zweite Möglichkeit, Titel aufzunehmen, ist wesentlich komfortabler. Sie können die Internationale Standard-Buch-Nummer (ISBN) eines Titels eingeben, und Citavi füllt dann die entsprechenden Felder in der ersterwähnten Maske selbstständig aus. Das setzt selbstverständlich wieder voraus, dass Sie im Besitz der ISBN des Titels sind, den Sie in ihr Literaturverzeichnis aufnehmen möchten. Wenn Sie die Literaturangabe inklusive ISBN aus dem Internet haben, ist aber das Kopieren und Einfügen komfortabel. Allerdings kann hier ein Problem auftreten, wenn Sie nämlich aus der *Erstausgabe* eines Buches zitieren und sich die ISBN-Angabe aus dem Internet auf eine *andere Ausgabe* bezieht! Nehmen wir an, in der Wikipedia fände sich folgende Literaturangabe:

»Gilles Deleuze, Félix Guattari: *Kafka, Für eine kleine Literatur.* Suhrkamp, Frankfurt am Main 1976, ISBN 3-518-10807-7.«

... und Sie übernähmen die ISBN in Citavi. Dann würde Citavi daraus den Eintrag generieren:

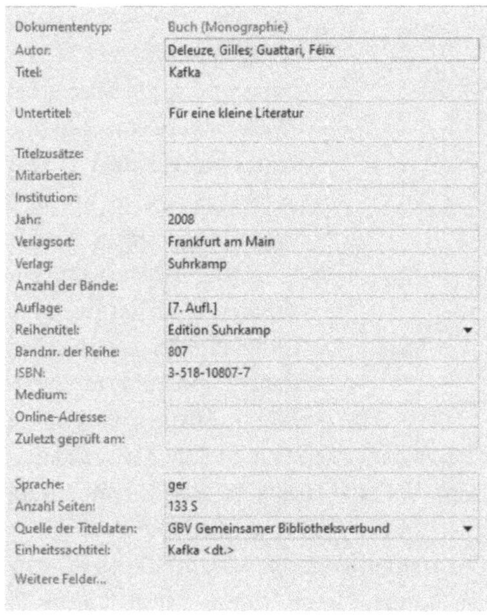

Dokumententyp:	Buch (Monographie)
Autor:	Deleuze, Gilles; Guattari, Félix
Titel:	Kafka
Untertitel:	Für eine kleine Literatur
Titelzusätze:	
Mitarbeiter:	
Institution:	
Jahr:	2008
Verlagsort:	Frankfurt am Main
Verlag:	Suhrkamp
Anzahl der Bände:	
Auflage:	[7. Aufl.]
Reihentitel:	Edition Suhrkamp
Bandnr. der Reihe:	807
ISBN:	3-518-10807-7
Medium:	
Online-Adresse:	
Zuletzt geprüft am:	
Sprache:	ger
Anzahl Seiten:	133 S
Quelle der Titeldaten:	GBV Gemeinsamer Bibliotheksverbund
Einheitssachtitel:	Kafka <dt.>
Weitere Felder...	

Der Eintrag als solcher ist korrekt, aber er bezieht sich in dem gedachten Fall eben nicht auf das Buch, mit dem Sie arbeiten und aus welchem Sie zitieren. Wenn Sie im Haupttext Ihrer Arbeit aus einem Buch von 1976 zitieren und im Literaturverzeichnis dieses Buch in der Auflage von 2008 aufgeführt wird, dann ist das nicht das Problem der unbekannten Autorin des Wikipedia-Artikels, auch nicht das Problem von Citavi, sondern Ihres: Ihnen wird so etwas nämlich als handwerklicher Fehler angekreidet (wenn es Ihrer Korrektorin auffallen sollte).

Es bleibt Ihnen somit nichts anderes übrig, als jeden einzelnen von Citavi über die ISBN-*Eingabe generierten Titeleintrag zu überprüfen, ob er wirklich mit dem Exemplar, mit dem Sie arbeiten, übereinstimmt.*

Sie können mit Citavi auch direkt die Titelangaben in Online-Datenbanken suchen lassen. Das ist die dritte Möglichkeit. Standardmäßig kann Citavi die Datenbanken der *Deutschen Nationalbibliothek*, der *Schweizerischen Nationalbibliothek*, des *Österreichischen Bibliothekenverbunds* und des *Gemeinsamen Bibliotheksverbundes* (GBV) der Länder Bremen, Hamburg, Mecklenburg-Vorpommern, Niedersachsen, Sachsen-Anhalt, Schleswig-Holstein, Thüringen und der *Stiftung Preußischer Kulturbesitz* abfragen. Für die Suche in anderen Datenbanken müssen Sie (oder der Uni-Account, über den Sie sich bei Citavi eingeloggt haben) eine Lizenz besitzen.

Nehmen wir an, Sie hätten in der Suchmaske unter »Autor« »deleuze«

eingegeben (Großschreibung ist nicht nötig!) und unter »Titel« »kafka«. Sie würden anschließend in der Datenbank des GBV suchen – dann erhielten sie 19 Treffer. Einer davon entspräche der von Ihnen benutzten Ausgabe von 1976, Sie markierten ihn mit einem Häkchen und könnten die Titelangabe jetzt in Ihr Citavi-Projekt importieren. Wenn Sie sich die Standortnachweise anzeigen ließen, fänden Sie dann sogar die Signaturen, unter denen das Buch in der Bibliothek der Stiftung Preußischer Kulturbesitz beziehungsweise in der UB Braunschweig ausleihbar wären.

Citavi würde dann folgenden Eintrag generieren:

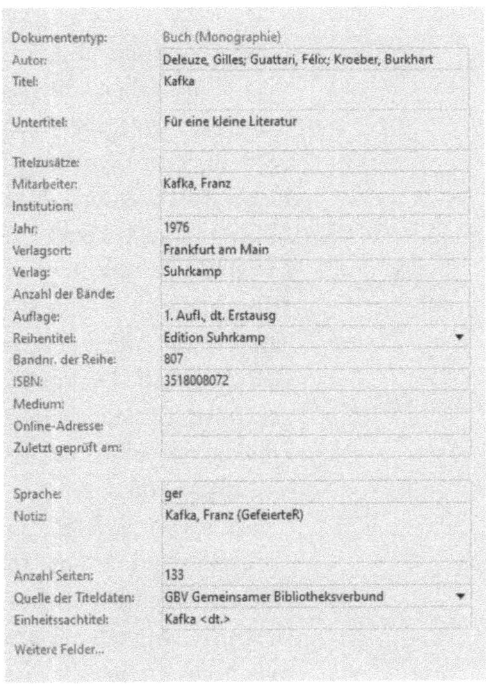

Dokumententyp:	Buch (Monographie)
Autor:	Deleuze, Gilles; Guattari, Félix; Kroeber, Burkhart
Titel:	Kafka
Untertitel:	Für eine kleine Literatur
Titelzusätze:	
Mitarbeiter:	Kafka, Franz
Institution:	
Jahr:	1976
Verlagsort:	Frankfurt am Main
Verlag:	Suhrkamp
Anzahl der Bände:	
Auflage:	1. Aufl., dt. Erstausg
Reihentitel:	Edition Suhrkamp
Bandnr. der Reihe:	807
ISBN:	3518008072
Medium:	
Online-Adresse:	
Zuletzt geprüft am:	
Sprache:	ger
Notiz:	Kafka, Franz (GefeierteR)
Anzahl Seiten:	133
Quelle der Titeldaten:	GBV Gemeinsamer Bibliotheksverbund
Einheitssachtitel:	Kafka <dt.>
Weitere Felder...	

Leider ist auch dieser Eintrag nicht so, dass Sie ihn in das Literaturverzeichnis ihrer Arbeit aufnehmen könnten, denn weder ist »Burkhart Kroeber« *(Ko-)Autor* des Buches von Deleuze/Guattari, sondern der Übersetzer, noch ist »Franz Kafka« *Mitarbeiter* an dem Buch. Citavi ist nicht schlauer als es die Mitarbeiterinnen der Bibliotheken, die Titelangaben in die Literaturdatenbanken einpflegen, zulassen. Wenn in den Datenbanken etwas Falsches steht, dann übernimmt Citavi das selbstverständlich 1:1. Menschen machen Fehler, Computer sind dumm. Nur Sie – als Autorin einer wissenschaftlichen Arbeit – sollten diesen Unsinn natürlich nicht ungeprüft übernehmen.

Es gibt noch eine weitere Methode, einen Titeleintrag zum Citavi-Projekt hinzuzufügen, und diese funktioniert (für unser Beispiel zumindest) am besten. Dazu müssen Sie zunächst das PlugIn »Citavi Picker« in dem Browser Ihrer Wahl aktivieren (das heißt, wenn der Browser Ihrer Wahl nicht Safari ist, da geht es nämlich nicht).

Wir haben ja schon herausgefunden, dass das von uns immer als Beispiel verwendete Buch von Suhrkamp verlegt wird, weswegen wir auf die entsprechende Verlagsseite gehen. Dort finden wir unter einer Abbildung des Buchcovers auch die ISBN, hinter der sich nun (bei aktiviertem Picker-PlugIn) ein Citavi-Symbol befindet. Klickt man darauf, erscheint ein Fenster, in welchem alle Ausgaben des Buches aufgelistet sind, und bei der Auswahl der Erstausgabe wird folgender Eintrag von Citavi übernommen:

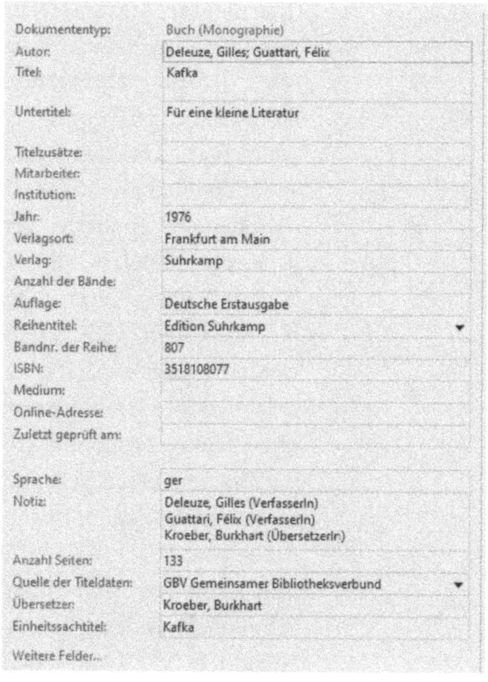

Dokumententyp:	Buch (Monographie)
Autor:	Deleuze, Gilles; Guattari, Félix
Titel:	Kafka
Untertitel:	Für eine kleine Literatur
Titelzusätze:	
Mitarbeiter:	
Institution:	
Jahr:	1976
Verlagsort:	Frankfurt am Main
Verlag:	Suhrkamp
Anzahl der Bände:	
Auflage:	Deutsche Erstausgabe
Reihentitel:	Edition Suhrkamp
Bandnr. der Reihe:	807
ISBN:	3518108077
Medium:	
Online-Adresse:	
Zuletzt geprüft am:	
Sprache:	ger
Notiz:	Deleuze, Gilles (VerfasserIn) Guattari, Félix (VerfasserIn) Kroeber, Burkhart (ÜbersetzerIn)
Anzahl Seiten:	133
Quelle der Titeldaten:	GBV Gemeinsamer Bibliotheksverbund
Übersetzer:	Kroeber, Burkhart
Einheitssachtitel:	Kafka
Weitere Felder...	

Diesmal stimmt der Eintrag! Wir haben die gewünschte Ausgabe von 1976, Burkhart Kroeber ist nicht als Koautor aufgeführt, und auch Franz Kafka ist als Mitarbeiter verschwunden. Die »Picker«-Variante erweist sich damit als den vorhergehenden Optionen, neue Titel in das Citavi-Projekt einzufügen, überlegen.

Gehen wir weiter zur nächsten Option von Citavi, der »Volltext-Suche«. Gesucht werden kann nur nach Titeln, die Sie bereits in Ihr Citavi-Projekt aufgenommen und als »Zeitschriftenaufsatz«, »Zeitungsartikel«, »Beitrag in Sammelwerken und Tagungsbänden« oder als »Hochschulschrift« klassifiziert haben. Die »Volltexte« von Büchern oder die Texte auf Blogs oder Ähnliches kann Citavi nicht finden, denn es sucht (anders als Google) nicht im gesamten Netz, sondern nur in ausgewählten lizenzierten Zeitschriftendatenbanken. Finden sich in diesen Datenbanken entsprechende Hinweise, lädt Citavi das PDF-Dokument herunter und speichert es standardmäßig im Ordner Dokumente\Citavi 6\Projects\[Projektname]\Citavi Attachments. Wenn Citavi nichts findet, heißt das allerdings nicht, dass der gesuchte Text nicht doch irgendwo im Netz zu finden wäre! Es heißt lediglich, dass er in den lizensierten Datenbanken, die Citavi benutzt, nicht verzeichnet ist. Deswegen empfiehlt sich neben der Volltext-Suche via Citavi der Gegencheck mit Google.

Übrigens: Wenn Citavi ein PDF herunterlädt, heißt das nicht, dass das Programm den Literatureintrag automatisch vervollständigt. Dazu müssen Sie auf die verlinkte Webseite klicken und dort wieder mit dem Picker die gewünschten Informationen einsammeln. Manche Webseiten bedienen die Picker-Funktion jedoch nicht, sondern bieten stattdessen die Möglichkeit, bibliografische Angaben in Form einer kleinen Datei herunterzuladen, die sich natürlich dann nicht im Citavi-Ordner, sondern in ihrem Standard-Downloadordner wiederfindet. Die gängigen Dateiformate für bibliografische Angaben (wie zum Beispiel RIS oder BibTeX) kann Citavi öffnen und verarbeiten.

Nehmen wir nun an, Sie hätten eine umfangreiche Titelsammlung in Ihrem Citavi-Projekt, die über das eine Kafka-Buch und einen Kafka-Zeitschriftenaufsatz hinausginge, dann könnten Sie jetzt anfangen, darüber nachzudenken, nach welchen formalen Vorgaben denn daraus eine einheitliche Literaturliste erstellt werden soll.

Wie ich oben bereits erwähnt habe, gibt es Lehrstühle oder Institute oder ganze Fakultäten, die für die formale Gestaltung wissenschaftlicher Texte ein eigenes Regelwerk aufgestellt haben. Diese Regeln beziehen sich immer sowohl auf den Zitationsstil als auch auf die Gestaltung der Einträge des Literaturverzeichnisses. Erkundigen Sie sich danach, am besten sprechen Sie kurz mit ihrer Betreuerin darüber. (Klären Sie zusätzlich, ob Zitate im Fließtext untergebracht werden sollen oder als Fußnoten oder als Endnoten!)

Mithilfe eines solchen Regelwerks können Sie den Standard-Zitationsstil von Citavi anpassen, am einfachsten, indem Sie einen Zitationsstil hinzufügen. (Das Überarbeiten eines vorhanden Stils oder das Erstellen eines neuen Stils im »Citavi Zitationsstil Editor« setzt ein solches Maß an Leidensfähigkeit voraus, dass Citavi selbst davon abrät!) Beim Hinzufügen können Sie aus einer Liste vordefinierter Stile verschiedener wissenschaftlicher Zeitschriften wählen.

Drei Beispiele:

»Citavi Basis-Stil«: Deleuze, Gilles; Guattari, Félix (1976): Kafka. Für eine kleine Literatur. Deutsche Erstausgabe. Frankfurt am Main: Suhrkamp (Edition Suhrkamp, 807).

Stil »Gender«: Deleuze, Gilles & Guattari, Félix (1976). Kafka. Für eine kleine Literatur (Edition Suhrkamp, Bd. 807, Deutsche Erstausgabe). Frankfurt am Main: Suhrkamp.

Stil »Das achtzehnte Jahrhundert«: Deleuze, Gilles u. Guattari, Félix: Kafka. Für eine kleine Literatur. Deutsche Erstausgabe, Frankfurt am Main 1976 (Edition Suhrkamp Bd. 807).

Doch auch wenn Sie den zu Ihren Vorgaben passenden Zitationsstil aus den Tausenden aufgelisteten Stilen herausgefunden haben: Korrekte Einträge im Literaturverzeichnis sind damit immer noch keineswegs garantiert!

Ihnen wird aufgefallen sein, dass in allen drei Beispiel-Stilen der Reihentitel »Edition Suhrkamp« aufgeführt wird. Das ist auf den ersten Blick auch ganz in Ordnung. Bei bibliografischen Angaben für Bibliothekskataloge oder für den Buchhandel ist es immer sinnvoll, den Reihentitel eines Werkes mit zu nennen. Die Bedürfnisse des Buchhandels decken sich nun aber nicht gerade mit denen, die an ein wissenschaftliches Literaturverzeichnis gestellt werden. In einem wissenschaftlichen Literaturverzeichnis ist es nämlich überhaupt nicht üblich, Reihentitel wie »Edition Suhrkamp« aufzuführen, und es ist ebenso unüblich, Verlagsnamen oder gar ISBN zu nennen! Warum?

ISBN werden seit 1969 vergeben. Alle älteren Bücher haben solche Nummern nicht. Die ISBN dient nur der Erleichterung des Bestellvorgangs innerhalb des Buchhandels und ist genau genommen eine redundante Information, da man ja jedes Buch durch die Angabe von Autorin, Titel, Erscheinungsort und -jahr identifizieren kann. Aus dem gleichen Grund wird auch üblicherweise der Name des Verlags in einem wissenschaftlichen Literaturverzeichnis nicht genannt: Es ist eine überflüssige Zusatzinformation.

Es *kann* also passieren (es muss nicht, aber es kann!), dass Ihnen die ungefilterte Übernahme von Citavi-Stilen als »schlechter Stil« angekreidet wird. Manche Professorinnen empfinden es als »schlechten Stil«, wenn man – wie in unserem Beispiel – »Edition Suhrkamp« als Reihentitel mit anführen würde. Diese Reihe hat einen exorbitanten Bekanntheitsgrad und ihre Nennung somit keinen zur schnellen Einordnung des Buches hilfreichen Nutzen. Denn es handelt sich hierbei um eine sogenannte »Verlegerserie«. Verlegerserien sind meistens thematisch ganz breit aufgestellt, was sie von thematisch stark fokussierten Fachserien, welche von wissenschaftlichen Instituten oder einigen wenigen Einzelpersonen herausgegeben werden, grundsätzlich unterscheidet. Also: *Es ist in wissenschaftlichen Literaturverzeichnissen üblich, Verlagsnamen und* ISBN *nicht zu nennen. Darüber hinaus gehört es für manche zum guten wissenschaftlichen Zitationsstil, auch Verlegerserien nicht zu nennen, Serien wissenschaftlicher Institute hingegen schon. Diese müssen genannt werden. All diese Feinheiten werden von Citavi verwischt.*

Auch hier könnte Ihnen die ungeprüfte Übernahme des Citavi-Eintrags in Ihre Literaturliste zu ihren Ungunsten ausgelegt werden – und das, obwohl Sie die Vorgaben Ihres Instituts zur korrekten Zitierweise beachtet haben!

Die Wahl der Stilvorlage enthebt Sie also nicht der Prüfung jedes einzelnen Titels Ihrer Literaturliste, aber einen großen Vorteil hat sie: Alle Titelangaben werden von Citavi nach einem einheitlichen Schema gelistet, und auf diese Einheitlichkeit kommt es am Ende eben auch an. Das ist überhaupt der große Vorteil, den Citavi seinen Nutzerinnen bietet, neben dem relativ komfortablen »Picker«. Dieser Vorteil wird sich übrigens auch dann noch bezahlt machen, wenn Sie ihre Dissertation bereits bei der Fakultät abgegeben haben und nach einem Verlag suchen. Dessen »Stylesheet« kann nämlich ganz anders aussehen als die Vorgaben ihrer Fakultät. Und eine Neuformatierung der Zitate und Literaturangaben lässt sich dann mit Citavi wesentlich leichter bewerkstelligen als mit Ihrer Textverarbeitung, falls Sie ihrem zukünftigen Verlag entsprechend zuarbeiten müssen. Ähnliches gilt auch für die meisten wissenschaftlichen Zeitschriften, die eingereichte Papers oft aus rein formalen Gründen ablehnen. Hier sind Sie mit Citavi flexibler als mit ihrer Textverarbeitung.

Annotationen, Schlagwörter, Kommentare, Querverweise und sonstige Rezeptionsprodukte können Sie in Citavi natürlich mit jedem Literatureintrag ihres Projekts verknüpfen. Je nach Güte der Datenbankinformation, die Citavi einholt, werden schon durch den bloßen Akt der Titelaufnahme Links zu Seiten hinzugefügt, die weitere Informationen zu dem Literatureintrag haben können, wie etwa Inhaltsverzeichnisse oder Abstracts. Sie können sogar jeden Titeleintrag mit bis zu fünf Sternchen bewerten, ganz so, wie Sie es von Ihrer Playlist auf dem Smartphone kennen, oder für sich selbst »Aufgaben« formulieren, die mit dem Eintrag zusammenhängen, wie zum Beispiel »in der UB besorgen«. Und Sie haben ein Glühbirnensymbol, das ein kleines Textverarbeitungsfenster öffnet, in das Sie eigene Gedanken tippen können. Leider verknüpft Citavi diese Gedanken nicht mit dem Literatureintrag – den Zusammenhang müssen Sie selbst herstellen, indem Sie Ihren Gedanken Kategorien oder Gruppen zuweisen.

Wenn ich zum Schluss die Vor- und Nachteile einer automatisierten Literaturdatenbank und -verwaltung gegeneinander abwäge, würde ich sagen, Citavi ist weniger ein Instrument der Literaturverwaltung, sondern ein Instrument zur formalen Vereinheitlichung von bereits anderswo generierten Literaturlisten. Seine Stärke spielt Citavi meiner Meinung nach ganz am Ende der Promotion aus, wenn es nur noch um die formale Gestaltung des Textes Ihrer Dissertation geht, und keinesfalls am Anfang der Promotion, wo es um den Inhalt Ihrer Forschung geht.

Für welche Art der Literaturrecherche und -verwaltung Sie sich letztlich entscheiden, liegt natürlich ganz bei Ihnen selbst. Wann der Zeitpunkt gekommen ist, an dem sich der Schwerpunkt Ihrer Arbeit von der Rezeptionsphase auf die Produktionsphase verlagert, das entscheiden Sie ebenfalls ganz allein. Es ist ein willkürlicher Akt. Manchmal ist es auch eine Fluchtbewegung, weg von dem Verdruss, der die Lektüre wissenschaftlicher Prosa generell begleitet, oder ein Gefühl der Langeweile, wenn Sie merken, dass die von Ihnen konsultierten Autorinnen nur noch von ihresgleichen abschreiben. Irgendwann kommt es Ihnen so vor, dass die Fachliteratur Ihnen keine neuen Erkenntnisse mehr liefert – spätestens dann sind sie bereit für das Schreiben Ihrer Dissertation.

Hier ein paar Merkhilfen zu dem, was zur »Rezeptionsphase der Promotion« abgehandelt wurde:

- Literaturrecherche (auf dem Papier, im Exposé) dauert zwei Wochen.
- Literaturrecherche (in »echt«) ist ein unendlicher Prozess, der nur künstlich mit Abgabe Ihrer Dissertation abgebrochen wird.
- Es gibt viele Arten, an Fachliteratur zu kommen: Google, Literaturverzeichnisse in Büchern, Fachbibliografien in Bibliotheken, Tipps von anderen Wissenschaftlerinnen ...
- Es führt nichts am Gang in die Bibliotheken vorbei.
- Das »Schneeballprinzip« führt auf ältere Literatur, Online-Recherche in Zeitschriftendatenbanken und den Verbünden der Bibliothekskataloge sollte ergänzend genutzt werden, um aktuelle Literatur zu erschließen.
- Richtiges Lesen heißt nicht möglichst viel in möglichst kurzer Zeit lesen, sondern die Kompetenz zu entwickeln, die relevante Literatur vom Irrelevanten zu unterscheiden.
- Literatur verwalten heißt, den Überblick nicht zu verlieren. Chaoten bauen sich ihr Literaturverzeichnis selbst, Pedanten benutzen Citavi oder Ähnliches.

DIE PRODUKTIONSPHASE DER PROMOTION

In diesem Abschnitt geht es um das Verfassen der Dissertation. Er beginnt mit einer Einladung zur Selbstreflexion über die Art und Weise, wie Sie Wissenschaft betreiben, und geht weiter mit grundsätzlichen Hinweisen zur Gliederung von langen Texten und Beispielen zur alphanumerischen und zur dekadischen Gliederungsweise. Es folgt eine Ermunterung, die gewohnte Texterstellung am Computer zu verlassen und es wenigstens probeweise einmal mit klassischen Schreibtechniken zu probieren, sowie technische Hinweise zur Vorbeugung von Datenverlust. Kreative Schreibtechniken zur Bekämpfung von Schreibhemmungen werden ebenso angesprochen wie die große Bedeutung der Einleitung zur Dissertation. Zum Schluss folgen Tipps, die bei der Korrektur des Gesamttextes beachtet werden sollten.

WELCHER WISSENSCHAFTSTYP BIN ICH?

Es kann manchmal ganz hilfreich sein, wenn man ganz normalen Mitmenschen Auskunft darüber gibt, was man da eigentlich tut, wenn man sich wissenschaftlich mit einem Thema beschäftigt. Aus mehreren Gründen:

1. Man erscheint sozial verträglicher.

Als Wissenschaftlerin tragen Sie gesellschaftliche Verantwortung, und das bedeutet nicht nur, dass Sie mit Ihrer Forschung nicht dazu beitragen sollten, dass die Welt explodiert, die Umwelt implodiert, Steuergelder vernichtet werden usw. Es bedeutet auch etwas viel Schlichteres: dass man als Wissenschaftlerin Leuten gegenüber, die selbst keine Wissenschaftlerinnen sind, erklären kann, *was man da tut, wenn man Wissenschaft betreibt.* Denn warum sollte jemand der Aufwendung von Steuergeldern für etwas zustimmen, das er nicht nur nicht versteht, sondern wo er bei den Handelnden nicht einmal die Bereitschaft erkennen kann, es ihm zu erklären? Das funktionalistische Argument, dass ein akademischer Abschluss bessere Berufskarrieren eröffnet, dürfte da kaum weiterhelfen, außerdem ist es in vielen Fällen auch gar nicht zutreffend. Wenn nach der gesellschaftlichen Legitimation wissenschaftlicher Arbeit gefragt wird, sollte man als Wissenschaftlerin *inhaltlich* darauf antworten können und nicht bloß funktionalistisch. Dies wiederum aber setzt voraus, dass man sich selbst gegenüber erklären kann, was man da eigentlich tut – und warum man es tut. Und dies wiederum lenkt zurück auf die Ausgangsfrage dieses Abschnitts: Welcher Wissenschaftstyp bin ich?

2. Man lernt etwas über sich selbst.
Abgesehen von der gesellschaftlichen Legitimitätsversicherung kann der Versuch, sich einmal in grundlegender Weise Rechenschaft über das eigene Tun zu geben, den angenehmen Effekt haben, dass man etwas über sich selbst herausfindet, sich über bestimmte Aspekte der eigenen wissenschaftlichen Arbeit klarer wird, ja sogar, dass diese Arbeit selbst besser wird.

Sie könnten in drei Hinsichten ansetzen, um über die Frage »Welcher Wissenschaftstyp bin ich?« nachzudenken: In Bezug auf Ihren eigenen theoretischen Anspruch, in Bezug auf ihre Methoden und in Bezug den gesellschaftlichen »Impact« Ihres Dissertationsprojekts. (Die Reihenfolge stellt übrigens keine Hierarchisierung dar.)

Der Anspruch

Beantworten Sie doch einmal ganz für sich die Frage, welchen Anspruch Sie mit Ihrer Dissertation verbinden: Wollen Sie über ihren Untersuchungsgegenstand herausfinden, wie er wirklich ist? Haben Sie den Anspruch, definitive Aussagen über Ihren Gegenstand zu formulieren? Oder sind Sie der Meinung, dass es unmöglich ist, die Wahrheit über etwas herausfinden zu können? Dass man sich der Sache immer nur annähern kann, dass man immer nur Vorschläge machen kann, in einer bestimmten Art und Weise über die Dinge zu sprechen?

Oder anders ausgedrückt: Ist das, worüber Sie schreiben, eine Nuss, zu deren Kern man vordringen kann? Oder ist es eine Zwiebel, die man immer weiter schälen kann, bis nichts mehr übrig bleibt?

Wenn Sie Ihr Thema als Nuss betrachten beziehungsweise den theoretischen Anspruch haben, zum Kern oder »Wesen« ihres Forschungsobjekts vordringen zu können, dann ist Ihr wissenschaftlicher Ansatz *essentialistisch.* Wenn Sie hingegen Ihr Thema als Zwiebel betrachten, beziehungsweise Ihr theoretischer Anspruch »lediglich« darin besteht, die Vielzahl akademischer Diskurse um einen weiteren Diskurs zu bereichern, dann ist Ihr theoretischer Anspruch *nominalistisch.*

Zu wissen, ob man selbst Essentialist oder Nominalist ist, ist mehr als bloße Wortklauberei. Denn Sie bewegen sich ja mit ihrer Forschung nicht nur in einem Konkurrenzraum gleichzeitiger Forschungsvorhaben, sondern auch in einer Tradition vorangegangener Forschungsbemühungen, die ihrerseits immer schon in Kontexten essentialistischer oder nominalistischer Theorien standen. Deswegen ist eine Antwort auf die Frage, ob Ihr eigener Forschungsansatz essentialistisch oder nominalistisch ist, nicht nur für die Selbstpositionierung Ihrer Arbeit im Vergleich mit gleichzeitigen konkurrierenden Ansätzen wichtig, sondern auch für die Relativierung Ihrer Arbeit im Hinblick auf die Tradition.

Ein Beispiel: »Das Erdbeben von Lissabon«.

Historikerin A sammelt die zeitgenössischen Berichte der überlebenden Augenzeugen des Erdbebens von Lissabon (1755), um fundierte Aussagen über die Art und Weise, wie es sich zugetragen hat, treffen zu können. Dazu gehören selbstverständlich auch der archivierte amtliche Schriftverkehr, Artefakte, die aus Schiffswracks geborgen wurden, sowie geologische Forschungen zur Plattentektonik usw. Der Anspruch ihrer wissenschaftlichen Arbeit ist essentialistisch: Sie möchte beschreiben, wie das Erdbeben wirklich war.

Historikerin B schreibt über die Rezeption des Erdbebens in der Aufklärungsphilosophie mit dem Schwerpunkt auf dem Theodizee-Problem (die Frage nach der Gerechtigkeit Gottes angesichts der Ungerechtigkeit der Welt). Dazu gehört unter anderem die Interpretation der einschlägigen Schriften von Voltaire, seine Aneignung der Leibniz-Wolff'schen Schulphilosophie, die Lektüre der entsprechenden Sekundärliteratur usw. Der Anspruch ihrer wissenschaftlichen Arbeit ist nominalistisch: Sie möchte Diskurse rekonstruieren, die bei den Nachrichten über das Erdbeben ihren Ausgang nahmen.

Sie merken: Beide Projekte haben das Erdbeben von Lissabon zum Thema und verfolgen doch hinsichtlich der Auffassung, was jeweils von diesem Untersuchungsgebiet gesagt werden soll, völlig unterschiedliche Ansätze: Das eine Mal wird das Erdbeben von Lissabon als reales Ereignis betrachtet, das andere Mal als Diskursphänomen. Das eine Mal als Nuss, das andere Mal als Zwiebel.

Die Methode

Als Nächstes legen Sie sich bitte einmal Rechenschaft ab über die Richtung, die Sie einschlagen, um Ihre Untersuchungsgegenstände wissenschaftlich zu bearbeiten. Gemeint ist damit Folgendes: Gehen Sie von Thesen aus, die Sie an den Untersuchungsgegenständen überprüfen, oder beschreiben Sie ein Untersuchungsfeld, um von da aus allererst Thesen zu formulieren? Stand am Anfang Ihres Dissertationsprojekts eine interessante Theorie oder ein interessantes Phänomen? Wenn die Richtung, die Sie einschlagen, von der Theorie zu den Daten führt, dann ist Ihre Methode deduktiv. Wenn sie von den Daten zur Theorie führt, ist sie induktiv.

Auch diese Unterscheidung ist nicht trivial. Denn in den meisten wissenschaftlichen Fächern hatten mal deduktive, mal induktive Methoden Konjunktur, und Sie sollten sich mit Ihrer Methodenwahl innerhalb dieser Konjunkturzyklen einordnen können. Und natürlich gibt es auch »Schulen«, die gegenwärtig methodisch miteinander konkurrieren, weshalb es manchmal nicht ratsam ist, sich eine eher induktiv arbeitende Betreuerin zu suchen, wenn man selbst ein ausgesprochen deduktiv zu Werke schreitender Wissenschaftstyp ist – und umgekehrt. Außerdem können Sie, wenn Sie sich über die Richtung der von Ihnen selbst bevorzugten Methode klar sind, auch schon zukünftige Probleme ihres Forschungsprogramms in den Blick nehmen: Gehören Sie zu den deduktiven Vorgehenden, werden Sie die Phänomene gelegentlich »zurechtbiegen« müssen. Gehören Sie zu den induktiv Vorgehenden, werden Sie gelegentlich Mühe haben, treffende Begriffe zu finden.

Ein Beispiel: »Zur Ethnologie von Schulpflegschaftssitzungen.«

Soziologin A kennt sich mit den Werken französischer Soziologen gut aus. Die Idee zu einem Dissertationsthema kam ihr bei der Lektüre eines Aufsatzes, der bestimmte Aspekte des »Habitus«-Konzepts von Bourdieu kritisch thematisierte. Sie würde den Begriff gerne gegen die dort vorgebrachten Argumente verteidigen. Um »die Aktualität« des Habitus-Begriffs aufzuzeigen, greift sie die Debatte über ungleich verteilte Bildungschancen auf und sucht nach einem speziellen empirischen Anwendungsfeld. Ihre Betreuerin gibt ihr den Tipp, es mit den Elternvertreterinnen an den unterschiedlichen Schultypen ihrer Unistadt zu versuchen – geleitet von der Annahme, dass die von unterschiedlichen Schultypen kommenden Eltern sich habituell unterscheiden werden.

Soziologin B ist in der Schulpflegschaft der Grundschule ihres Kindes engagiert. Bei ihrer Teilnahme an einer Stadtschulpflegschaftssitzung ist ihr aufgefallen, dass Elternvertreterinnen von der als »vornehm« geltenden Johann-Wolfgang-von-Goethe-Grundschule anders auftreten als die Elternvertreterinnen der als »problematisch« geltenden Grundschule Nordost. Das könnte sich vielleicht zu einem Thema für die von ihr beabsichtigte Dissertation auswachsen! Sie macht sich Notizen dazu, befragt einige Sitzungsteilnehmerinnen und merkt, dass sich ihre Beobachtungen zu einem Großteil decken, es aber auch einige Unterschiede gibt. Daraufhin entwirft sie erste Fragen für einen Fragebogen, macht sich Gedanken über die Repräsentativität ihrer geplanten Stichprobe usw. Ihre Betreuerin rät ihr, nach den Standards der »*Grounded Theory*« vorzugehen.

Sie merken: In beiden Fällen handelt es sich um eine soziologische Untersuchung der Elternvertreterinnen einer bestimmten Stadt, aber die »dahinterstehenden« Theorien sind nicht nur inhaltlich unterschiedlich, sondern auch in unterschiedlichem Maße forschungsleitend.

Der normative Background

Schließlich sollten Sie sich auch einmal als Autorin einer wissenschaftlichen Arbeit fragen, ob und in welchem Maße Sie mit Ihrer Dissertation in die Praxis hinein zu wirken gewillt sind. Damit spreche ich nicht den Unterschied zwischen »Grundlagenforschung« und »angewandter Wissenschaft« an, wie etwa den zwischen theoretischer Mathematik und Materialwissenschaft. Dort ist die Frage nach der Praxisrelevanz leicht zu beantworten; das Forschungsprojekt selbst ist schon auf eine industrielle Anwendung hin angelegt oder auch nicht angelegt. Ich meine vielmehr Ihre Selbsteinschätzung als Wissenschaftlerin, was die Praxisrelevanz ihrer Arbeit betrifft, wenn es gerade nicht um die Lösung technischer Aufgaben geht, sondern um normative Voraussetzungen beziehungsweise Konsequenzen des Projekts.

Lassen Sie sich in Ihrer wissenschaftlichen Arbeit von normativen Hintergrundannahmen leiten oder wollen Sie, dass aus Ihrer Arbeit normative Konsequenzen gezogen werden? Dann sind Ihre wissenschaftlichen Bemühungen *engagiert*. Wenn Sie hingegen darauf achten, jegliche Normativität aus Ihrer Forschung herauszuhalten, dann kann man Sie als *desengagiert* bezeichnen.

Die Beantwortung der Frage, ob Ihr Forschungsprogramm engagiert oder desengagiert ist, ist vielleicht der am allerwenigsten triviale Aspekt Ihrer Selbsteinschätzung, »welcher Wissenschaftstyp« Sie selbst sind. Denn der Streit darüber, ob und inwieweit normative Hintergrundannahmen Ihre Forschung beeinflussen sollten, ist nicht nur altehrwürdig, vielmehr werden die beiden Positionen von Vertreterinnen beider »Lager« mit besonderer Hartnäckigkeit besetzt. Sprich: Es kann Ihnen passieren, dass Sie mit Ihrem Forschungsdesign auf Akzeptanz oder Ablehnung stoßen, weil Sie sich in bestimmter Weise zu der Frage »engagierte oder desengagierte Wissenschaft« positionieren, und nicht etwa aus »sachlichen« Gründen.

Beispiel: »Das Schmelzen der Polkappen.«

Ozeanografin A erforscht die Differenzierungsmöglichkeiten bei der Bestimmung der Veränderungen des arktischen Packeises und verwendet einen Methodenpluralismus bei den unterschiedlichen Klassifizierungsansätzen (nach Form, Größe, Alter, Mikrostruktur, Drift usw.) In ihrem Vorwort schreibt sie, dass ihr Forschungsbeitrag u. a. auch hilfreich sein könnte für die Widerlegung bestimmter wissenschaftskritischer Stimmen, welche den Einfluss des Menschen auf den Klimawandel unter anderem mit dem Hinweis bestreiten, das bei den Ozeanografen nicht einmal Einigkeit darüber bestehe, über was sie redeten, wenn sie vom arktischen Packeis reden. Ihre Betreuerin streicht ihr das Vorwort mit den Worten: »Wir betreiben hier Wissenschaft und keine Politik!«

Ozeanografin B erforscht die Differenzierungsmöglichkeiten bei der Bestimmung der Veränderungen des arktischen Packeises und verwendet einen Methodenpluralismus bei den unterschiedlichen Klassifizierungsansätzen (nach Form, Größe, Alter, Mikrostruktur, Drift usw.) Ihre Betreuerin teilt ihr mit, dass es unbedingt noch eines Vorwortes bedürfe, in der die Arbeit in einen Bezug gesetzt wird zur aktuellen klimapolitischen Debatte: »Wir betreiben doch unsere Forschung nicht als L'art pour l'art!«

In diesem Beispiel handelt es sich sogar um ein und dasselbe Forschungsprogramm. Fall A und B sind lediglich hinsichtlich der Reflexion über die »gesellschaftliche Anschlussfähigkeit« unterschieden – aber genau dieser Unterschied kann in unterschiedlichen wissenschaftspolitischen Kontexten über Wohl und Wehe der Dissertation entscheiden.

Nun mag es einzelne Dissertationsprojekte oder auch ganze Disziplinen geben, bei denen solche einfachen Unterscheidungen, wie ich sie in den drei obigen Beispielen stilisiert habe, nicht so ohne Weiteres möglich sind oder nicht einmal erwünscht sind. Von einer Medizinerin wird kaum erwartet werden, dass sie sich bei ihrer Auswertung der Blutproben von Vergleichsgruppe X die Frage stellt, ob die Proben »real« sind oder »Diskursphänomene«. Medizin ist in der Regel essentialistisch. Eine Juristin wiederum wird – zumindest, wenn es um deutsches Recht geht – vermeiden, von Präzedenzfällen auszugehen statt von positiven Rechtsnormen. Die deutsche Rechtswissenschaft ist deduktiv. Und bei Theologinnen ist ja von vornherein klar, dass ihre Arbeit sich in einem vorgegebenen normativen Rahmen bewegt. Theologie ist immer engagiert.

Die Frage »Welcher Wissenschaftstyp bin ich?« würde sich in solchen Fällen ausweiten von einer Reflexion über das persönliche wissenschaftliche Projekt hin zu einer Reflexion über das Fach selbst – und das wäre wiederum ein Unternehmen, das man sich im Zusammenhang mit einer Dissertation nicht aufbürden sollte.

Traditionell haben die zuletzt genannten drei Disziplinen ja auch die geringsten Probleme, was ihre gesellschaftliche Akzeptanz angeht, von der Theologie mal abgesehen, die in säkularen Gesellschaften naturgemäß einen schwierigeren Stand hat als Medizin und Juristerei.

Ein anderer Aspekt, der die Fragestellung dieses Kapitels zu verkomplizieren scheint, ist mit dem vielfach geforderten Methodenpluralismus beziehungsweise der Inter- oder Transdisziplinarität verbunden. Es gibt Forschungsprojekte, bei denen man gar nicht genau angeben kann, ob jetzt eine deduktive oder induktive Methode eingeschlagen wird, und es gibt Projekte, bei denen der Erkenntnisanspruch zwischen Essentialismus und

Nominalismus schwankt. Schließlich müssen Forschungsbeiträge auch nicht nur eine einzige Autorin haben, und die Auffassungen über die Engagiertheit oder Desengagiertheit des Projekts können bei Koautorschaften ja von Individuum zu Individuum variieren.

Ich bin nichtsdestotrotz der Ansicht, dass Sie sich die Frage nach Ihrer eigenen Auffassung von Wissenschaftlichkeit, von den angemessenen Methoden und von Ihrer gesellschaftlichen Involviertheit als Autorin stellen sollten. Gerade dann, wenn die Beantwortung dieser Fragen nicht auf der Hand liegt, wenn Ihr Dissertationsprojekt so fließend, amorph und schillernd ist, dass simple gegenüberliegende Positionierungen gar nicht möglich zu sein scheinen, ist es sinnvoll, wenigstens einmal den Versuch solcher Positionierungen zu wagen. Fragen sind nicht deswegen verkehrt, weil die Antworten schwierig sind.

Wenn Sie über die drei in diesem Abschnitt angesprochenen Aspekte – den wissenschaftlichen Anspruch, die Methoden und den normativen Background Ihres Dissertationsprojekts – nachdenken, kann das dazu führen, dass Ihr Projekt insgesamt klarer und eindeutiger wird. Und damit komme ich zum Ausgangspunkt zurück: die Vertretbarkeit von Wissenschaft gegenüber Nichtwissenschaftlerinnen. Denn nur dann, wenn Sie selbst reflektierte Wissenschaft betreiben, können Sie ihr Tun auch gegenüber Nichtwissenschaftlerinnen vermitteln.

Jetzt können wir beim eigentlichen Schreibprozess ansetzen. Auch hier gilt: Es gibt kein Patentrezept. Mögen Sie planvolles Vorgehen? Möchten Sie gern die Übersicht behalten? Genießen Sie es, Punkte auf einer Projektliste abzuhaken? Dann sollten Sie auf Grundlage Ihres nun angesammelten Fachwissens eine Gliederung des beabsichtigten Textes konzipieren, die Sie konsequenterweise mit einem Zeitplan verbinden, sodass das Schreiben einem Abarbeiten vorher definierter Schritte und Phasen gleicht, jederzeit unter Ihrer Kontrolle, die Sie als Autorin ja auch rechtmäßig ausüben. Sie schreiben noch einmal ein Exposé – diesmal ganz für Ihren eigenen Gebrauch.

Oder sehen Sie die Dissertation eher als etwas organisch Wachsendes an, etwas, das an einigen Stellen wuchert und an anderen kümmert, das Sie in bestimmte Richtungen drängt und von anderen abbringt, etwas fast Lebendiges, das auf jeden Fall nicht ins Detail planbar ist? Dann sollten Sie sich auf das Abenteuer einlassen, dass der Text ein Eigenleben bekommt und Sie selbst nicht mehr voll und ganz Herrin der Lage sind, nicht mehr im vollen Wortsinn seine »Autorin«. Der Text schreibt sich selbst, die Gliederung ist mehr eine künstlich herangeführte Rekonfiguration der gewachsenen Masse.

DEM SCHREIBEN EIN GERÜST GEBEN: DIE GLIEDERUNG

Ganz gleich, ob Sie nun mehr mit der ersten oder der zweiten Variante von Autorinnenschaft sympathisieren, ob Sie das Schreiben eher als einen Prozess auffassen oder eher als ein Wachsen: Eine Gliederung der Dissertation ist notwendig, da es sich letzten Endes ja doch um einen Sachtext handelt und nicht um ein Kunstwerk. Eine Gliederung ordnet Teile des Textes in Sinnabschnitte, was nicht nur der Lesbarkeit Ihrer Dissertation (schnelles Erfassen der Inhalte) dient, sondern auch die Struktur der Argumentation stärkt: Erst muss dieser Aspekt XY geklärt werden, dann jener.

Betrachten Sie die Gliederung als Hilfsmittel für Ihr eigenes Schreiben, als Werkzeug, das Ihnen – erst mal nur Ihnen – Überblick, Orientierung und Struktur angesichts des immer länger werdenden Textes verschaffen soll. Und so, wie Sie ein Werkzeug wechseln, wenn es seinen Zweck nicht mehr erfüllt, sollten Sie auch bereit sein, Ihre ursprüngliche Gliederung zu erweitern, zu modifizieren und sogar ganz zu verwerfen, wenn es nötig sein sollte. Eine stumpfe Schere schneidet kein Papier, eine Gliederung, die für sie zu einem Korsett wird und Sie am Schreiben hindert, ist kontraproduktiv. Bedenken Sie, dass sich die Gliederung in der Endfassung Ihres Textes mit Sicherheit von ihrer allerersten Gliederung, die Sie etwa für Ihr erstes Exposé konzipieren, unterscheiden wird.

Der Ausgangspunkt der Gliederung: die Kernthese

Ganz am Anfang sollten Sie Ihre Kernthese entfalten. Dazu gehört nicht nur die klare (und möglichst kurze) Formulierung Ihrer Forschungsfrage und deren Einordnung in Ihr größeres Themengebiet, sondern auch bereits die Klärung begrifflicher Komplikationen, ein Überblick über den Forschungsstand, eine Begründung Ihrer Methodenwahl und ein Überblick über die Schritte der gesamten Untersuchung. Ein erster Gliederungsversuch könnte dann etwa so aussehen:

Erklärung der These (Die These lautet: ...) / Begriffsdefinitionen / Historischer Überblick / Systematischer Überblick / Forschungsliteratur / Methodenwahl / Weiteres Vorgehen ...

Die Reihenfolge der hier aufgezählten Punkte bedeutet nun keinesfalls, dass Sie diese beim Schreiben chronologisch abarbeiten müssen! Nehmen wir an, Sie hätten noch Schwierigkeiten damit, eine »knackige« Formulierung der Hauptaussage Ihrer Dissertation zu finden: Dann mühen Sie sich nicht ab damit, sondern beginnen Sie den Schreibprozess mit dem Gliederungspunkt, der Ihnen im Moment am meisten »zusagt« oder zu dem Sie schon sehr viel Material gesammelt haben. *Die ersten Sätze eines Textes sind nie diejenigen, die auch als erste geschrieben wurden.*

Nehmen wir an, Sie beginnen mit dem Punkt »Historischer Überblick«. Während des Schreibens würden Sie merken, dass das Problem, mit dem Sie sich beschäftigen, bereits eine lange Tradition in Ihrem Fachgebiet hat, und Sie würden sich daran erinnern, dass Ihnen das bereits während der Recherche zu Ihrem Thema aufgefallen ist. In der Konsequenz würde dies für Ihre Gliederung bedeuten, dass Sie sie in diesem Punkt weiter differenzieren:

Historischer Überblick: (1) Das Problem in Renaissance und früher Neuzeit / (2) Das Problem in der Moderne / (3) Dekonstruktion des Problems in der Postmoderne.

Diese weitere Ausdifferenzierung bedeutet, dass Sie eine neue Gliederungsebene einführen. Waren im ersten Beispiel alle genannten Punkte (von »Explikation der These« bis »Weiteres Vorgehen«) noch systematisch gleichrangig, so sind nun die Punkte (1) bis (3) dem Abschnitt »Historischer Überblick« untergeordnet. Ihre Gliederung erhält eine Baumstruktur. Spätestens an diesem Punkt müssen wir eine formale Überlegung zwischenschalten.

Eine ausführliche Version des ersten Gliederungsversuchs könnte so aussehen:

Teil A: Explikation der These
1. Kurze Einführung in die Problemlage
    a) Historischer Überblick über das Problem
        α) Das Problem in Renaissance und früher Neuzeit
        β) Das Problem in der Moderne
        γ) Dekonstruktion des Problems in der Postmoderne
    b) Systematischer Überblick über das Problem
        α) Das Problem in geometrischer Hinsicht
        β) Das Problem in hermeneutischer Hinsicht
2. Übersicht über den Forschungsstand
    a) Forschungsansätze, die das Problem negieren
    b) Forschungsansätze, die das Problem überbetonen
    c) Forschungsansätze, die aus der Mode gekommen sind
3. Erläuterung der Methodenwahl
4. Überblick über die folgende Untersuchung

Oder auch so:

1	Explikation der These
1.1	Kurze Einführung in die Problemlage
1.1.1	Historischer Überblick über das Problem
1.1.1.1	Das Problem in Renaissance und früher Neuzeit
1.1.1.2	Das Problem in der Moderne
1.1.1.3	Dekonstruktion des Problems in der Postmoderne
1.1.2	systematischer Überblick über das Problem
1.1.2.1	Das Problem in geometrischer Hinsicht
1.1.2.2	Das Problem in hermeneutischer Hinsicht
1.2	Übersicht über den Forschungsstand
1.2.1	Forschungsansätze, die das Problem negieren
1.2.2	Forschungsansätze, die das Problem überbetonen
1.2.3	Forschungsansätze, die aus der Mode gekommen sind
1.3	Erläuterung der Methodenwahl
1.4	Überblick über die folgende Untersuchung

Diese Beispiele demonstrieren in formaler Hinsicht die beiden am häufigsten verwendeten Gliederungstypen: Die alphanumerische Gliederung und die dekadische Gliederung.

Vier Anmerkungen dazu. Erstens: Im Allgemeinen sind *mehr als vier Gliederungsstufen verpönt*, was sich leicht verstehen lässt, da eine Gliederung ja vor allem der Übersichtlichkeit dienen soll. In den Beispielen sind diese vier Stufen bereits ausgereizt. Allerdings sieht man es im ersten Beispiel mit der alphanumerischen Gliederung (»Teil A«, »1.«) nicht sofort, während es im zweiten Beispiel mit der dekadischen Gliederung (»1.1.1.1«) direkt ins Auge springt. Wenn Sie also mehr als vier Gliederungsstufen benötigen, ist es empfehlenswert, die alphanumerische Gliederung zu benutzen. Allerdings ist es Ihnen nicht immer selbst überlassen, welche Gliederungsart Sie wählen. Auch hier gilt es, eventuelle fachliche Konventionen, Institutsvorschriften oder die Vorlieben Ihrer Betreuerin zu beachten. Ist es Ihrer Betreuerin gleich, verwenden Sie die Methode, die Ihnen selbst am besten gefällt.

Zweitens: *Nach jedem Gliederungsabschnitt kommt Text!* Vergessen sie nicht, dass die Gliederungsabschnitte den Charakter von Überschriften haben, und dass zwei Überschriften untereinander im Fließtext den Eindruck erwecken, hier sei etwas vergessen worden.

Also nicht so:

1. Explikation der These
1.1. Kurze Einführung in die Problemlage
»Das Werk Franz Kafkas gilt der neueren Literaturwissenschaft als exemplarisches Beispiel für Alteritätsartikulationen im frühen 20. Jahrhundert ...«

Sondern so:

1. Explikation der These
»Was hat Franz Kafka bewegt, das Bild des Käfers zu nehmen? Zu dieser Frage gibt es unterschiedliche Ansichten ... weswegen ich zunächst auf die Alteritätsdiskussion und ihre Probleme eingehen werde.«
1.1. Kurze Einführung in die Problemlage
»Das Werk Franz Kafkas gilt der neueren Literaturwissenschaft als exemplarisches Beispiel für Alteritätsartikulationen im frühen 20. Jahrhundert ...«

Drittens: Wenn sie eine Gliederungsstufe einführen, muss sie *mindestens zwei Sinnabschnitte* auf ihrer Ebene haben. Einen Text »Kapitel 1« zu nennen, ist ja nur dann sinnvoll, wenn es mindestens ein »Kapitel 2« gibt. Selbiges gilt auch für »1.1.1.1«: Diesem Abschnitt muss mindestens ein »1.1.1.2« folgen.

Viertens: *Je tiefer die Gliederungsebene, desto kleinteiliger das Thema.* »Der

Forschungsstand« hat allgemeinen Charakter. »Forschungsansätze, die aus der Mode gekommen sind«, speziellen. Themen auf denselben Gliederungsstufen sollten einen ähnlichen Grad der Allgemeinheit haben.

Doch Vorsicht: *Halten Sie sich nicht zu lange mit diesen Formalien auf!* Denn auch wenn die Gliederung ein integraler Bestandteil Ihres Exposés ist (und als solcher natürlich auch ein gewisses Maß an Überzeugungskraft besitzen sollte, damit Ihre Betreuerin zu der Einschätzung kommen kann, dass Ihr Dissertationsprojekt »durchdacht« und in einem angemessenen Zeitrahmen realisierbar ist), sollten Sie nicht vergessen, dass die Gliederung Werkzeugcharakter hat und Ihrer eigenen Orientierung in Ihrem Text dienen soll. Sie ist kein Spielzeug und kein Selbstzweck. In meinen Seminaren berichten Doktorandinnen gelegentlich davon, dass sie sich mit dem Entwerfen immer neuer und immer ausgefeilterer Varianten ihrer Gliederung vom eigentlichen Schreiben abgelenkt haben: Das Spielen mit Gliederungsentwürfen als eine spezielle Art der Prokrastination. Davor kann ich nur warnen! (Vgl. zu diesem Thema auch unten S. 122 ff.)

Zurück zur inhaltlichen Ausdifferenzierung der Gliederung. In unserem Beispiel waren die drei Unterpunkte des historischen Abschnitts unproblematisch in ihrem Bezug zum Hauptthema. Jetzt möchte ich auf Textabschnitte zu sprechen kommen, die sich nicht so leicht einem Gesichtspunkt der Gliederung zu- oder unterordnen lassen, solche, die die weitere Feingliederung erschweren.

Nehmen Sie an, Sie säßen fleißig an dem Abschnitt »Dekonstruktion des Problems in der Postmoderne«. Sie haben die entsprechende Literatur verarbeitet und wollen jetzt noch fünf, sechs Seiten »runterschreiben«, um das historische Kapitel des ersten Teils ihrer Arbeit zu beenden. Dabei stoßen Sie auf eine Kontroverse zwischen Autorin Y und Autorin Z, die sich zwar nicht um das eigentliche Untersuchungsthema Ihrer Arbeit dreht, aber schrullige (und interessante) Details birgt, die die Einstellung der Autorinnen zu diesem Thema durchblicken lassen: Etwas abseitig das Ganze, aber doch zu schade, um sie der interessierten akademischen Öffentlichkeit vorzuenthalten. Was tun? Natürlich könnten Sie versuchen, unabhängig von Ihrer Dissertation den entsprechenden Text als eigenständigen Aufsatz zu veröffentlichen. Sie müssen sich allerdings eingestehen, dass die Details allein dann doch zu wenig für einen Beitrag in einer Fachzeitschrift sind. Ihr

Text über den Streit zwischen »Y« und »Z« ist für eine Fußnote zu lang und für einen eigenen Aufsatz zu nebensächlich, und er passt nicht als Unterpunkt in den übergeordneten Abschnitt ihrer Gliederung, weil ihm keine weiteren gleichrangigen Abschnitte mehr beigeordnet werden können. Für solche Situationen haben die Rhetoriker den *Exkurs* erfunden.

Sie geben Ihrem Text einfach die Überschrift: »Exkurs: Die Schrulle zwischen Y und Z«, und positionieren ihn in Ihrem Gesamttext nach Belieben: Innerhalb des Abschnitts, aus dem sich der Exkurs ergab, am Ende dieses Abschnitts oder auch am Ende des gesamten Textes. In der Gliederung muss er selbstverständlich auftauchen, doch bekommt er – als Solitär – keinen eigenen Gliederungspunkt.

Das sähe dann etwa so aus:

1.1.1	Historischer Überblick über das Problem
1.1.1.1	Das Problem in Renaissance und früher Neuzeit
1.1.1.2	Das Problem in der Moderne
1.1.1.3	Dekonstruktion des Problems in der Postmoderne
	Exkurs: Die Schrulle zwischen Y und Z
1.1.2	...

Übrigens sind auch mehrere Exkurse völlig in Ordnung, nur sollten es am Ende nicht allzu viele sein, da Sie sich dann dem Vorwurf ausgesetzt sehen könnten, Ihre Dissertation sei eine Anekdotensammlung. Kurze Exkurse und längere Anmerkungen können Sie jederzeit in Fußnoten unterbringen.

Ich habe eben ja schon darauf hingewiesen, dass sich während des Schreibens weitere Differenzierungsmöglichkeiten oder Differenzierungsnotwendigkeiten ergeben, die insgesamt die »Baumstruktur« der Gliederung immer reichhaltiger werden lassen. Der Stamm bekommt Äste, Zweige und Blätter.

Es mag jetzt vielleicht abschreckend klingen, aber es ist durchaus sinnvoll, die Gliederung immer weiter zu führen, und zwar bis hin zu den einzelnen Blattrippen. Diese Mikro-Gliederungspunkte tauchen dann zwar nicht mehr in der eigentlichen Gliederung auf, doch ihre strukturierende Wirkung haben sie gleichwohl: *Formulieren Sie, bevor Sie sich an ein neues Kapitel machen, Überschriften für jeden einzelnen Absatz, den Sie in diesem Kapitel schreiben wollen!* Der Effekt, den diese Methode hat, den Kerngedanken jedes neuen Absatzes vorzuformulieren, kann gar nicht überschätzt werden:

Es macht einen immensen Unterschied, ob Sie an jedem neuen Arbeitstag wieder mit einer leeren Seite in Ihrer Word-Datei konfrontiert sind oder ob Sie eine vorstrukturierte Datei öffnen, die eine Vielzahl argumentativ aufeinander aufbauender (oder lose assoziativ gereihter) Überschriften enthält, deren Lücken Sie nur mit relativ kurzen Textabschnitten füllen müssen.

DIE MEDIEN DES SCHREIBENS

Wo gerade von der Textverarbeitung die Rede war: Legen Sie für jeden größeren Abschnitt oder für jedes Kapitel Ihrer Arbeit eine neue Datei an! Ein Text, der eine Seitenzahl von 20 oder 25 Seiten überschreitet, wird unübersichtlich, mag er noch so detailliert vorstrukturiert sein. Und wenn die Gesamtseitenzahl Ihrer Dissertation einmal die Hundertergrenze überschritten hat, wird Ihnen irgendwann schon das bloße Rauf- und Runterscrollen lästig werden.

Die zunehmende Unübersichtlichkeit bei anwachsender Textmasse ist natürlich keine Exklusiveigenschaft von Texten, die am Bildschirm geschrieben und gelesen werden. Auch gedruckte Texte werden schwieriger zu beherrschen, wenn die Zahl der Blätter steigt. Viele Leute klagen darüber, dass ihre Aufmerksamkeitsspanne am Bildschirm kürzer sei als bei der Lektüre eines gedruckten Textes. Tatsächlich gibt es wissenschaftliche Untersuchungen zu dem Phänomen, dass sich Texte auf Internetseiten nicht so gut lesen lassen und dass die Texte nicht erst seit Twitter-Zeiten generell immer kürzer würden. Seltsamerweise schreiben die meisten ihre eigenen Texte dann doch wieder am Computer und nicht etwa an der Schreibmaschine oder gar per Hand.

Ich bin weit davon entfernt, Ihnen hier nahezulegen, Ihre Dissertation komplett von Hand zu schreiben, das Manuskript dann auf Maschine zu tippen, dieses Typoskript dann wiederum handschriftlich zu korrigieren, um es schließlich ein zweites Mal abzutippen. Kaum jemand produziert auf solche Art heute noch einen Text. Ich möchte Sie lediglich daran erinnern, dass diese Art des Schreibens – diese die Schreibmedien wechselnde, korrigierende Produktionsweise von wissenschaftlichen Texten – erst mit der aktuellen Generation von Wissenschaftlerinnen veraltet ist. Vor 30 Jahren haben das noch die meisten so gemacht.

Selbstverständlich war diese Art zu Schreiben viel langsamer als das direkte Hacken in die Computertastatur. Doch auch wenn Schnelligkeit ein Kriterium für die Qualität journalistischer Texte sein mag – ein *Qualitätskriterium* für wissenschaftliche Texte ist sie eher nicht.

Und selbstverständlich war die »alte« Art zu Schreiben viel umständlicher. Sie können den Text am Bildschirm jederzeit korrigieren, ohne eine neue Seite in die Schreibmaschine einspannen zu müssen. Sie merken, dass bestimmte Ausführungen in der falschen Reihenfolge stehen und können Textblöcke bequem verschieben. Gerade diese und andere Bequemlichkeiten des Schreibens am Bildschirm bergen aber einige Gefahren, die Ihnen ein probeweiser Wechsel des Schreibmediums sofort vor Augen führen würde:

- Die Gefahr, dass die Entstehung des Textes seiner gedanklichen Durchdringung vorhergeht. Ihre Finger fliegen über die Tastatur, die Zeilen sehen im »*What You See Is What You Get*«-Modus der Textverarbeitung schon aus wie gedruckt, Sie wissen gar nicht, was Sie im nächsten Satz eigentlich sagen möchten ... aber Sie haben es bereits getippt.
- Die Gefahr, dass die Einbringung von Textpassagen anderer Autorinnen überhandnimmt und außer Kontrolle gerät. Zitate, die Sie in Ihren Text einbauen möchten, schreiben Sie nicht mehr ab, sondern Sie montieren sie per copy & paste in Ihren eigenen Text. Wenn Sie zusätzlich noch eine Literaturverwaltungssoftware benutzen, setzt Ihnen das Programm gleich noch den passenden Beleg hinzu – Sie selbst brauchen eigentlich gar nicht mehr zu wissen, wen Sie da zitieren! Weil es so einfach ist, zitieren Sie mehr und ausführlicher, als es nötig ist.

Kurz: Die Schnelligkeit und Bequemlichkeit der Textproduktion am Computer kann – ich sage absichtlich nicht: muss – zu qualitativen Unzulänglichkeiten des Geschriebenen beitragen. Oder, neutraler formuliert: Die Computertastatur als Medium des Schreibens hat einen Einfluss auf den Inhalt des Geschriebenen, genauso, wie um 1800 die Tintenfeder und um 1900 die Schreibmaschine Inhalt und Qualität der Textproduktion beeinflusste.

Dazu müssen Sie gar keine moderne Medientheorie zurate ziehen, Sie können die Probe aufs Exempel direkt an Ihrem eigenen Schreiben machen: Ein längeres Zitat aus einem anderen Text wird Ihnen – buchstäblich unter der Hand – viel fragwürdiger, wenn Sie es Wort für Wort abschreiben, als wenn Sie es einfach per copy & paste in Ihren Text übernehmen. Ein handschriftlich auf Papier formulierter Gedanke wird Ihnen »nachdenklicher« vorkommen als ein in die Tastatur gehackter Satz. Wo die ganze Hand zögert, den unausgegorenen Gedanken aufzuschreiben, hätten ihn Ihre Finger bereits in die Tastatur getippt.

Sie sollten die Möglichkeit, das Schreibmedium zu wechseln, also vor allem dann in Erwägung ziehen, wenn Ihnen die eigenen Texte beim Durchlesen argumentativ unüberzeugend erscheinen, wenn Sie merken, dass Ihr »Wording« unoriginell ist, wenn Zitate zu lang und zu zahlreich sind, wenn Sie den Eindruck bekommen, geschwätzig oder nichtssagend zu werden.

STILKRITIK

Da mit dem hier vorgeschlagenen (probeweisen) Wechsel des Schreibmediums auch stilistische Aspekte des Textes angesprochen werden, ist allerdings eine Warnung geboten, die das gerade Gesagte zu relativieren scheint: Üben Sie ruhig *etwas* Stilkritik an Ihrem eigenen Text, aber treiben Sie auch nicht *zu viel* Stilkritik!

Niemand erwartet von Ihnen, dass Ihre Dissertation das epochemachende Meisterwerk Ihres Faches wird. Im Gegenteil: Man erwartet von Ihnen Pragmatismus und Anpassung an die stilistischen Gepflogenheiten Ihrer Disziplin. Allzu originelle Texte fallen im Wissenschaftsbetrieb zwar auf, aber meist unangenehm. Sie sollen mit Ihrer Dissertation ja zeigen, dass Sie zu einer eigenen wissenschaftlichen Arbeit fähig sind und dass Sie Ihr Arbeitspensum in einem angemessenen Zeitraum bewältigen können. Was Sie nicht demonstrieren sollten, ist die Attitüde, schlauer zu sein als alle restlichen Fachkolleginnen. Vermeiden Sie aber auch den altertümlichen *Pluralis modestiae* (die Bescheidenheitsmehrzahl): Nicht »wir« haben etwas herausgearbeitet / entdeckt / hergeleitet / bewiesen / gezeigt / hinterfragt / bezweifelt / behauptet, sondern Sie, die Autorin selbst (immer vorausgesetzt, sie promovieren nicht in Jura, Ökonomie oder Ingenieurswissenschaften, denn dort ist der gravitätische Stil die Norm). Gerne würde ich Sie an dieser Stelle ermuntern, »Ich« zu schreiben, doch das lassen die akademischen Konventionen nur in den allerwenigsten Fällen zu. Im Allgemeinen fahren Sie am besten, wenn sie objektiv klingende und neutrale Formen wählen wie »im Rahmen dieser Arbeit wird eine andere Meinung vertreten ...«

TECHNISCHES EQUIPMENT

Ein Problem anderer Art sollten sie nicht unterschätzen – damit meine ich hier: die Computerausstattung.

Niemand, den ich kenne, hat nicht schon mal in irgendeiner Form die Erfahrung mit Computer-Fails gemacht. Sei es, dass der Drucker streikt, dass der Adapter fehlt, um das PowerBook an den Beamer anzuschließen, dass Dateiformate nicht gelesen werden können, seien es Black- und Bluescreens und das ungewollte Windows-Update gerade in der Sekunde, in der Sie Ihre PowerPoint-Präsentation starten wollten ... Das ist alles lästig, aber man kann es managen. Das Schlimmste jedoch, was Ihnen passieren kann, ist der Verlust Ihres Dissertationstextes, wenn die Festplatte in Ihrem Rechner abschmiert und Ihnen siedend heiß einfällt, dass Sie kein Backup gemacht haben. Dann ist Ihr Text weg – ganz einfach! Damit Ihnen das nie passiert, und auch um Ihnen die Unkosten einer »professionellen Datenrettung« zu ersparen, folgen hier jetzt ein paar ganz ernst gemeinte Hinweise zum Thema »Datei-Backup«.

Die billigste Variante der Dateisicherung besteht darin, dass Sie sich die neueste Version Ihrer zuletzt bearbeiteten Datei per Email selbst zuschicken. Nachteil: Arbeiten Sie mit sehr vielen Dateien, wird diese Methode sehr schnell unübersichtlich. Arbeiten Sie mit sehr großen Dateien, kommen Sie schnell in Konflikt mit Ihrem Email-Anbieter beziehungsweise mit der Größe des Ihnen zur Verfügung stehenden »Postfaches«. In meinen Augen handelt es sich bei der Sicherung per Mail also nur um eine Notlösung.

Denken sie daran, ein *regelmäßiges (tägliches!) Backup* aller mit Ihrer Dissertation in Zusammenhang stehenden Dateien vorzunehmen! Machen Sie sich das zur Routine. Das einfachste ist natürlich eine cloudbasierte Backuplösung. Dass die Server Ihres Clouddienst-Anbieters alle gleichzeitig abschmieren, ist unwahrscheinlich. (Dass der Clouddienst-Anbieter selber abschmiert, also bankrott geht, ist da schon wahrscheinlicher – falls wir hier nicht von einem der ganz großen Anbieter reden.) Doch es gibt auch Leute, die aus unterschiedlichen Gründen keine cloudbasierten Backuplösungen benutzen wollen. Und es gibt Schussel, die ihre Zugangscodes für die Cloud verbaselt haben und nicht mehr an ihre Backups herankommen. Und es gibt schließlich Leute, die auf Nummer sicher gehen wollen und sich nicht nur auf eine Speicherung in der Cloud verlassen möchten. Für diese Gruppen von Leuten ist es ratsam, ihre Daten auf mindestens *zwei mobilen Massenspeichern* abzulegen, die *räumlich voneinander getrennt* sind. Die Platte mit dem täglichen Backup sollten Sie dann mindestens einmal wöchentlich auf die zweite Platte, die Sie anderswo deponiert haben, spiegeln.

Ich spreche übrigens absichtlich von »Platten«, weil ich Ihnen – erstens – hier nicht die Entscheidung zwischen mechanischen Festplatten (Hard Disk Drives, HDD) und elektronischen Speichermedien (Solid State Drives, SSD) abnehmen will und – zweitens – davon abraten möchte, USB-Sticks als Backup-Medien zu verwenden. Zum kurzfristigen physischen Transport von Daten sind USB-Sticks gut geeignet, aber ihre vergleichsweise hohe durchschnittliche Ausfallrate macht sie als mittel- oder langfristige Backup-Lösung untauglich. (Für wirklich langfristige Backups, die Ihre Daten für Jahrzehnte speichern sollen, gibt es kein einziges erprobtes Speichermedium. Das sicherste Mittel ist es, alle zwei bis drei Jahre eine fabrikneue HDD oder SSD zu kaufen und die Daten darauf zu kopieren. Diesen Aufwand treibt aber wahrscheinlich niemand, der promoviert.) HDD-Vorteile: Sie sind billiger, ihre Langzeit-Speicherfähigkeit ist höher (was in der Promotionsrealität aber meist keine Rolle spielt). SSD-Vorteile: Sie sind robuster (keine beweglichen Teile!) und schneller.

Diese Routine – tägliches Backup auf Platte 1, wöchentliches Backup auf räumlich getrennter Platte 2 – beugt zwar auch dem (eher seltenen) Fall vor, dass Ihre Bude mitsamt Ihrem Notebook und der täglichen Backup-Platte abbrennt, sie dient aber vor allem der Stärkung Ihrer eigenen Psyche für den (viel häufigeren) Fall, dass die interne (in Ihrem Rechner verbaute) Platte den Dienst quittiert. In diesem Fall haben Sie höchstens das aktuelle Tagewerk verloren und können den Dateistand vom vorigen Abend wiederherstellen.

Die eleganteste Lösung, Dateien auf einem Massenspeicher abzulegen, bietet ein NAS-Laufwerk, also ein netzwerkbasierter Speicher (*Network Attached Storage*), den Sie als Server für Ihre persönliche (und verschlüsselte)

Cloud konfigurieren können. (Es handelt sich um einen Kasten mit Ethernet-Buchse, in den ein kleiner Rechner verbaut ist, auf dem die Serversoftware läuft, und in den Sie eine oder mehrere Festplatten reinschieben können.) Sie können auf diesen jederzeit und von überall per Internet zugreifen, und Sie können zugleich festlegen, wer überhaupt Zugriff auf diesen Server hat – denn es ist ja Ihr eigener: Sie sind Ihr eigener Cloud-Anbieter. NAS sind komfortabel und bieten bei Verwendung mehrerer Festplatten die Sicherheit, dass bei Ausfall einer Platte nicht die gesamten Daten verloren gehen. Der Anschaffungspreis für eine solche Speicherlösung ist allerdings hoch, und auch ein NAS-System ist keine Versicherung gegen Wohnungsbrand, weshalb es eine zusätzliche Backup-Lösung (in einer zweiten Wohnung) nicht überflüssig macht.

SCHREIBHEMMUNGEN UND *CREATIVE WRITING*

Nicht nur die Technik kann Ihre Produktivität bei der Erstellung Ihres Dissertationstextes einschränken – viel häufiger kommt es vor, dass Sie sich selbst im Wege stehen, wenn ans Schreiben gehen soll. Natürlich kann es Momente in Ihrer Promotionszeit geben, in denen Sie euphorisch sind, alles tief zu durchschauen glauben und wie entfesselt Text produzieren, als gäbe es kein Morgen. Freuen Sie sich darüber, nutzen Sie diese Momente des Größenwahns produktiv für Ihren Text, aber halten sie sich anderen gegenüber zurück. Denn wie gut die Ergebnisse solcher Phasen wirklich sind, wissen Sie immer erst, wenn die Euphorie wieder abgeklungen ist.

Viel problematischer sind andere Momente Ihrer Promotionszeit, die psychologisch betrachtet das Gegenteil von Euphorie darstellen: Phasen des Kleinmuts, des Selbstzweifels und der Infragestellung – sowohl der Infragestellung Ihrer eigenen Leistungsfähigkeit als auch der Infragestellung inhaltlicher Aspekte Ihrer Arbeit. Mit dem Schreiben will es einfach nicht weitergehen. Nur auf die »leichten« Schreibhemmungen will ich an dieser Stelle eingehen, das heißt auf die Schreibprobleme, die sich durch die Verwendung bestimmter Schreibtechniken angehen lassen. (Die tieferliegenden Ursachen werden weiter unten im Kapitel »Zeitvernichtung« beleuchtet, S. 117 ff.).

Zur Bekämpfung der kleinen Schreibhemmungen gibt es ein ganzes Bündel an Techniken, die zusammen unter der Überschrift *Creative Writing* rubriziert werden können. In unserem Zusammenhang geht es dabei natürlich nicht um die Seminare gleichen Namens, wie sie an amerikanischen Universitäten für künftige Schriftstellerinnen angeboten werden, sondern um Methoden, die für »kreatives« wie für wissenschaftliches Schreiben gleichermaßen angewendet werden können, besonders dann nämlich, wenn es »von selbst« nicht recht klappen will. Letztlich handelt es sich bei den Methoden des kreativen Schreibens um Tricks, mit denen Sie sich selbst überlisten, um Ihre Schreibhemmung zu überwinden.

Erstens, *Freewriting* (freies Schreiben, assoziatives Schreiben, *Écriture automatique*): Schreiben Sie auf, was Ihnen gerade im Kopf herumgeistert. Assoziativ, ungeplant, gerne auch Unsinn. Es geht nicht um Inhalte, es handelt sich um eine Lockerungsübung. Folgen Sie Ihrem *Stream of Consciousness*, ohne das Schreiben zu unterbrechen. Das einzig Unfreie am Freewriting ist das Zeitlimit, das Sie sich setzen sollten. Ob Sie am Ende dieser Lockerungsübung das Geschriebene lesen oder nicht, ist unwichtig. Ein auf fünf Minuten limitiertes Freewriting ist ein brauchbarer Ansatz, um sich selbst die Angst vor dem leeren Blatt oder der leeren Word-Seite zu nehmen.

Zweitens, *Clustering*: Nehmen Sie einen Begriff und notieren Sie die Ihnen daraufhin entstehenden Assoziationen. Schreiben Sie keine Sätze, sondern wiederum möglichst kurze Begriffe. Kreisen Sie alle Begriffe ein, sodass eine Art *Tag-cloud* auf Papier entsteht. Mit etwas Glück entsteht auf diese Weise ein Gebilde, das bestimmte Zusammenhänge der Begriffe visualisiert. Clustering ist ein brauchbarer Ansatz, um Schreibverkrampfungen, die mit bestimmten Fachtermini zusammenhängen, zu lösen, obwohl diese Methode natürlich nicht den Blick in ein entsprechendes Fachlexikon ersetzt.

Drittens, *Brainwriting*: Nehmen Sie eine Behauptung (also einen ganzen Satz) und notieren Sie die Ihnen daraufhin entstehenden Assoziationen. Beim Brainwriting handelt es sich letztlich um die Einzelkämpfervariante des aus der Marketing- und Managementtheorie stammenden *Brainstormings*, das als Ideenfindungsmethode für Teams postuliert wurde, um Gruppendynamiken für die Erfindung von Werbeslogans nutzbar zu machen. Es kann Ihnen helfen, wenn Sie zu bestimmten Behauptungen (Ihren eigenen oder auch fremden) in die immer gleichen Argumentationsmuster verfallen und deswegen nach »neuen Ideen« suchen.

Viertens, *Mindmapping*: Kombinieren Sie Brainwriting und Clustering, um eine »geistige Landkarte« zu einem Thema zu erstellen. Hier kommt es vor allem auf die Visualisierung an. Verwenden Sie verschiedene Farben oder garnieren Sie bestimmte Begriffe, Argumente oder Themenfelder mit Emoticons. Dies kann Ihnen helfen, wenn Sie bei einem größeren Abschnitt Ihrer Arbeit neue Orientierungshilfen brauchen.

Diese Methoden des Creative Writing sind natürlich nicht die einzigen Tricks, die Sie im Falle einer schleppenden Textproduktion anwenden können. Sie beruhen alle auf der Annahme, dass ein freies oder auch gelenkt-freies Assoziieren schöpferische Dynamiken anstößt. Aber sie haben den Nachteil, dass sie allesamt auf Einzelpersonen zugeschnittene Methoden sind, die Sie allein mit sich selbst auszumachen haben. Manchmal liegt die Ursache einer Schreibhemmung aber eben nicht in einem Mangel an Fantasie oder Kreativität, sondern viel stärker im Mangel an Ausgleichstätigkeiten, an Sozialkontakten und am gedanklichen Austausch, was Ihnen ein Gefühl vermittelt, als garten Sie mit Ihrer Dissertation im eigenen Saft.

Die folgenden »Tipps« klingen so banal, dass sich noch keine Marketingspezialistin ein elaboriertes Wording dafür hat einfallen lassen. Deshalb versuche ich es hier einfach mal mit eigenen Wortschöpfungen und hoffe, dass Sie damit etwas anfangen können:

»Leisuring«: Wenn sie sich dabei ertappen, 10 Minuten auf die letzte von Ihnen selbst verfasste Seite auf dem Bildschirm gestarrt zu haben, machen Sie für den Tag Schluss! Schreiben ist kein Nine-to-five-Job, manchmal hat man nur ein paar Minuten lang am Tag einen gelungenen Gedanken gehabt, manchmal schreibt man die ganze Nacht durch. Statt sich mit dem Weiterschreiben abzuquälen, widmen Sie sich den Freizeitaktivitäten, die Ihnen am meisten Spaß machen oder die größte Entspannung bereiten.

»Laymanchatting«: Sprechen Sie mit wohlmeinenden Freundinnen über Ihre Arbeit, nicht nur mit Fachkolleginnen. Die sich Ihnen stellenden Probleme besonders fachlichen Laien gegenüber zu erläutern, kann Ihnen wahre Glücksmomente an Einsicht und Klarheit verschaffen! Und manchmal finden Fachfremde genau jene Formulierung für ein bestimmtes Problem, auf die Sie selbst nach hundert Stunden freien Assoziierens nicht gekommen wären.

»Noworrying«: Schreiben sie einfach weiter an Ihrer Arbeit als hätten Sie

keine Selbstzweifel! Stellen Sie sich gegen den Trend permanenter Selbstoptimierung, indem Sie sich klarmachen, dass eventuell übelwollende Betreuerinnen und Kolleginnen immer etwas in Ihrer Dissertation finden können, das irgendwem nicht genügen wird. Das heißt natürlich nicht, dass Sie die Ohren gegenüber wohlmeinender, konstruktiver Kritik verschließen sollten – aber Ihre Kritikfähigkeit muss auch nicht unendlich sein. *Schließlich sind Sie selbst ja auch eine Expertin auf dem Spezialgebiet Ihrer Dissertation geworden, eigentlich sind Sie sogar* die *führende Expertin in Ihrem Thema, es ist* Ihr *Thema! – also zeigen Sie entsprechend Rückgrat!* Und bedenken Sie, dass auch die angesehenste Professorin am Ende *nur mit Wasser kocht.* Haben Sie keine Angst – denn ob Sie sich mit Ihrer Arbeit die Eintrittskarte in eine akademische Karriere erschreiben, liegt nur in sehr geringem Maße in Ihrer Macht. Und was Sie nicht beeinflussen können, davor brauchen Sie sich auch nicht zu fürchten.

AUF DEM WEG ZUR ENDFASSUNG: DIE STRUKTUR EINES WISSENSCHAFTLICHEN TEXTES

Zum Schreiben gehört notwendigerweise auch das Korrigieren und das Neuschreiben nach einem Korrekturdurchlauf.

Ihr Text wird viele Korrekturstufen durchlaufen, Ihre Dateien werden in mehreren und immer höheren Versionen vorliegen (»Kapitel 7_final_v4_endgültig«). Und irgendwann – der genaue Zeitpunkt ist nicht wirklich planbar – haben Sie die Hauptarbeit des Schreibens erledigt: Die einzelnen Dateien haben Sie in Ihren jeweiligen Endfassungen zu einer großen Datei zusammengefügt, die Gliederung (das Gerüst Ihres Textes) ist lückenlos mit Baumaterial aufgefüllt.

Bevor Sie zur Endkorrektur schreiten, sollten Sie sich allerdings noch Gedanken über die endgültige Struktur Ihrer Dissertation machen. Falls Sie es noch nicht getan haben: Halten Sie Rücksprache mit Ihrer Betreuerin, ob es formale Vorgaben für die Gestaltung des Fakultätsexemplars gibt.

Grundsätzlich bestehen wissenschaftliche Texte aus drei Teilen: Einleitung, Hauptteil, Schluss. Das gilt für Aufsätze wie für Monografien. Allerdings können noch weitere Texte dieser Grundstruktur vor- oder nachgelagert werden. Neben dem obligatorischen Inhaltsverzeichnis – das im

Wesentlichen nichts anderes ist als die Endfassung der Gliederung selbst, nebst den entsprechenden Seitenzahlen – sind das bei Monografien vor allem Danksagung, Vorwort, Nachwort und Anhang. Und im Falle einer kumulativen Promotion müssen Sie zu Ihren Aufsätzen immer auch ein Abstract formulieren, dessen Umfang meist von den Zeitschriften, in welchen Sie veröffentlichen, vorgegeben ist.

Tatsächlich haben Sie also, nachdem Sie mit dem Hauptteil Ihrer Arbeit fertig sind, noch immer etwas zu schreiben. Anspruchsvoll ist vor allem die Einleitung, die ich mit Absicht nicht schon oben bei den Ausführungen zur Gliederung erwähnt habe. Denn tatsächlich können Sie zu Beginn des Schreibens, wenn Sie sich die ersten Gedanken zur Textgliederung machen, noch gar nicht wissen, wie Sie potenzielle Leserinnen am besten in Ihr Untersuchungsprogramm einführen, weshalb die Einleitung als Strukturelement des Gesamttextes in der Gliederung nicht berücksichtigt werden sollte. Das Schreiben der Einleitung verlangt einen reflektierten Gesamtüberblick über den Hauptteil Ihres Textes, weshalb sie (immer!) zuallerletzt geschrieben wird.

Die Einleitung ist in der Regel eine Einführung in das Thema Ihrer Dissertation, womit sich schon die erste Frage ergibt: Wer liest Ihren Text eigentlich? Sie sollten sich vor allem fragen, welchen Kenntnisstand Sie bei den Adressatinnen Ihres Textes voraussetzen können. Sie schreiben ja weder für sich selbst, noch ausschließlich für Ihre Betreuerin. Der Hinweis, dass Sie Ihre Dissertation »für ein interessiertes Fachpublikum« schreiben, ist zwar richtig, beantwortet aber immer noch nicht die Frage nach den vorauszusetzenden Vorkenntnissen. Klar ist, dass Sie keine allgemeine Einführung in die Grundlagen Ihrer Disziplin schreiben müssen, und auch die Grundbegriffe Ihres Faches bedürfen keiner weiteren Erläuterung, wenn sie nicht gerade selbst kontrovers diskutiert werden. Wenn die Begrifflichkeiten allerdings doch Gegenstand von Auseinandersetzungen innerhalb Ihres Faches sein sollte, müssen Sie das natürlich erwähnen und Position beziehen.

Die richtige Balance zwischen Unter- und Überforderung der potenziellen Adressatinnen Ihres Textes finden Sie am leichtesten, wenn Sie andere aktuelle Dissertationen zu Ihrem Thema zurate ziehen – was Sie ja ohnehin bereits gemacht haben. Schauen Sie sich an, wie Ihre Kolleginnen dort ihr Lesepublikum angesprochen haben.

Eine weitere Schwierigkeit der Einleitung besteht darin, dass Sie eine pointierte Herausarbeitung der Fragestellung Ihrer Arbeit liefern müssen, ohne allzu sehr schon die Antwort beziehungsweise Ihre eigene Lösung vorzugeben. Dies ist ein schwierigerer Balanceakt als das gerade besprochene Adressatinnenproblem. Erwartet wird von einer Einleitung, dass Sie einen Überblick über die getanen Arbeitsschritte geben, ohne die Lektüre des Gesamttextes überflüssig zu machen. Die Einleitung sollte alles enthalten, was Sie in Ihrer Dissertation als These vertreten – weil das »interessierte Fachpublikum« sowieso nur Abstract oder Einleitung liest und der Haupttext in den allermeisten Fällen gar nicht oder nur auszugsweise gelesen wird. Sie sollte aber nicht alles erneut »beweisen«, denn die eigentliche Forschungs- und Argumentationsarbeit haben Sie ja in Ihrem Haupttext dokumentiert. – Eine gute Einleitung ist ein Hybrid aus Abstract und Teaser. Auch hier hilft es, sich an dem, was die Leidensgenossinnen geschrieben haben, zu orientieren: An dem, was gemeinhin (in Ihrem Fach) für *Best Practice* gehalten wird. Sprechen Sie darüber auch mit Ihrer Betreuerin.

Der Schlussteil Ihrer Arbeit ist wesentlich leichter zu schreiben. Meist enthält er einen Ausblick auf mögliche Konsequenzen, die sich aus Ihrer Forschungsleistung ergeben, oder auf sogenannte Forschungsdesiderate, also Hinweise darauf, was in der von Ihnen eingeschlagenen Forschungsrichtung noch zu tun wäre. Oftmals hat der Schluss deswegen einen apologetischen Charakter, etwa wenn Sie schreiben, dass dies und jenes noch weiterer Untersuchungen bedurft hätte, es aber »im Rahmen der vorliegenden Arbeit« nicht (mehr) geleistet werden konnte ...

Nach Fertigstellung von Schluss und Einleitung sind Sie allerdings immer noch nicht fertig mit Ihrer Arbeit. Der Anhang muss noch an die Gesamtdatei geheftet werden, also das Literatur- und eventuell Abbildungsverzeichnis, und die Gliederung muss zum Inhaltsverzeichnis umgemodelt werden. Ist das auch erledigt, kann es an die Endkorrektur gehen.

DIE »GROSSE KORREKTUR«

Die Korrektur des Gesamttextes Ihrer Dissertation ist ein eigener Arbeitsschritt – der letzte Arbeitsschritt, bevor Sie die Dissertation einreichen und damit von der »Qualifikationsphase« in die »Prüfungsphase« Ihrer Promotion wechseln. Bevor Sie zur »großen Korrektur« schreiten, sollten Sie sich unbedingt dafür sorgen, dass Ihr eigener Text Ihnen *fremd* wird: durch zeitlichen Abstand, durch einen Medienwechsel, durch typografische Verzerrung und durch die Zuhilfenahme anderer Menschen.

Zeitlicher Abstand zwischen dem Ende des Schreibens und dem Beginn der Korrektur: Sie haben sich jahrelang mit Ihrem Thema beschäftigt und am Ende einen umfangreichen Text dazu beendet – Sie können die Gedankenmühle, die dabei angeworfen wurde und sich jeden Tag wieder aufs Neue weitergedreht hat, nicht von heut auf morgen anhalten! Um klaren Kopfes und kritisch dem eigenen Text entgegentreten zu können – was genau die Erfordernisse für eine sinnvolle Korrektur sind –, brauchen Sie Abstand vom Text, eine Erholungszeit, in der Sie auf andere Gedanken kommen können. Planen Sie dazu ruhig einen *mehrwöchigen Urlaub* ein!

Medienwechsel: Sie haben ihren eigenen Text die meiste Zeit nur in den Fenstern Ihrer Textverarbeitung gesehen. Das führt zu einer Betriebsblindheit, die Sie viele Fehler einfach übersehen lässt, weil Sie Ihnen so vertraut sind. Sie lesen Ihren eigenen Text gar nicht mehr wirklich in dem Medium, in dem Sie ihn verfasst haben. Deswegen: *Drucken Sie Ihren Text aus und machen Sie die Korrekturen mit Rotstift auf Papier!*

Typografische Verzerrung: Verleihen Sie Ihrem Text ein fremdes Aussehen, indem Sie ihn in einer Schriftart neu formatieren, die von derjenigen, die Sie beim Schreiben verwendet haben, möglichst stark abweicht. Am besten verwenden Sie zum Zwecke des Korrigierens eine schreibmaschinenähnliche Schrift mit festem Buchstabenabstand, zum Beispiel Courier. Erschrecken Sie nicht darüber, wie »unprofessionell« Ihr Text plötzlich aussieht: So würde er in keinem Buch und in keiner Zeitschrift gedruckt werden! Aber genau das ist Sinn und Zweck der Übung: *In einem Text, der »wie gedruckt« aussieht, übersieht man Fehler viel leichter.*

Andere korrigieren lassen: Doch auch mit zeitlichem Abstand und bei Anwendung dieser Verfremdungstricks können Sie an einem Umstand nichts ändern: dass Sie gleichzeitig Autorin und Korrektorin Ihres eigenen Textes sind. Natürlich können Sie Tipp- und Interpunktionsfehler in Ihrem Text korrigieren. Word (oder jede andere Textverarbeitung) ist dabei eine große Hilfe. In gewissen Grenzen sind Sie in ihrer Doppelfunktion auch noch in der Lage, stilistische Verbesserungen an Ihrem Text vorzunehmen. Doch spätestens, wenn es um die Verständlichkeit und die logische Schlüssigkeit Ihrer Argumentationen geht, also um hermeneutische Aspekte, werden Sie die Grenzen Ihrer Selbstkorrekturfähigkeit kennen lernen. Deswegen ist es äußerst wichtig, dass Sie Ihren Text von anderen Menschen korrigieren beziehungsweise lektorieren lassen.

Vielleicht haben Sie selbst bereits während Ihres Studiums oder während Ihrer Promotionszeit wissenschaftliche Texte von befreundeten Leidensgenossinnen korrekturgelesen. Bitten Sie sie, sich nun zu revanchieren, indem sie nun Ihren Text zur Korrektur lesen! Dabei ist es gar nicht unbedingt notwendig, dass Ihre Ansprechpartnerinnen zu Ihrem Fach »passen« oder sich sogar in Ihrem speziellen Themenbereich auskennen: Eine wissenschaftliche Grundbildung reicht im Allgemeinen aus und ist vorteilhaft, wenn es um Stilkritik und Verständnisfragen geht. Leute mit allzu intimen Kenntnissen Ihres Spezialgebiets verwickeln Sie nur in Fachdiskussionen, die Sie zu diesem Zeitpunkt Ihres Promotionsprojekts nicht mehr brauchen können (Ihr Text ist ja schon fertig).

Viele scheuen sich davor, befreundeten Menschen die Korrektur eines Textes anzuvertrauen, vor allem, wenn es sich um eine Dissertation handelt. Es gibt da für manche nicht nur eine persönliche Hürde zu überwinden, sondern auch die Besorgnis, dass dieses Korrektorat oder Lektorat nicht professionell genug sein könnte. Bedenken Sie jedoch, dass ein professionelles Lektorat für die durchschnittlichen finanziellen Verhältnisse von Doktorandinnen unerschwinglich ist, und dass wiederum Dumpingangebote von »Internetlektoraten« nicht professionell sind. Wenn Sie unbedingt Geld für die Korrektur Ihrer Dissertation ausgeben wollen, erwerben Sie lieber den aktuellen Duden, den es inzwischen natürlich auch in elektronischer Form gibt. Wenn es später zu Verhandlungen mit einem Verlag kommt, werden Sie das Thema des professionellen Lektorats ohnehin noch einmal neu aufrollen (vgl. dazu unten S. 99). Für das Fakultätsexemplar Ihrer Dissertation ist das in den allermeisten Fällen nicht nötig.

DER ENDSPURT

Drei Dinge gibt es hier anzusprechen: Die Prüfungsvorbereitung, die Kontaktaufnahme zu einem Verlag – und schließlich die Überlegung, was nach der Promotion kommen soll.

Es gibt im Wesentlichen zwei Varianten der mündlichen Prüfung, der Sie sich zusätzlich zur Abgabe der Dissertation unterziehen müssen: Das *»Rigorosum«* und die *»Disputatio«*. Einzelheiten darüber, welche Variante in Ihrem persönlichen Promotionsverfahren zur Wahl steht, entnehmen Sie bitte Ihrer Promotionsordnung. Das Rigorosum wird vor allem in Promotionsstudiengängen angewendet, in denen Sie neben dem Hauptfach (der Fachdisziplin, in der Sie Ihre Dissertation geschrieben haben) noch Nebenfächer belegen mussten. Es kann also durchaus sein, dass das Rigorosum bei Ihnen an zwei oder drei verschiedenen Tagen stattfindet. Es hat gegenüber der Disputatio den Nachteil, dass Sie sich auch in den Nebenfächern Prüferinnen suchen müssen – also in der Regel Professorinnen, bei denen Sie selbst seit Jahren gar keine Veranstaltung mehr belegt haben, und dass hier Fachwissen belegt werden soll, für das Sie sich seit ebenso vielen Jahren überhaupt nicht mehr interessiert haben. Das Rigorosum hat jedoch gegenüber der Disputatio den Vorteil, dass es (wiederum in der Regel) nicht öffentlich stattfindet. Für öffentlichkeitsscheue Menschen ist die intime Prüfungssituation des Rigorosums (Ihnen sitzen nur die Prüferin und eine Protokollantin gegenüber) die bessere Wahl.

Um ein Gefühl für die Prüfungssituation als solche zu bekommen, sollten Sie die Teilnahme an einer öffentlichen Disputatio in Erwägung ziehen – und zwar auch dann, wenn Sie selbst ein Rigorosum absolvieren müssen. Sie werden sehen, dass die Ängste, die Sie sich eventuell im Vorfeld Ihrer mündlichen Prüfung machen, sachlich unberechtigt sind. Zum einen werden die Prüfungsthemen immer vorher mit der Kandidatin abgesprochen (dies gilt für beide Prüfungsvarianten). Sie haben also genügend Vorbereitungszeit für die Einarbeitung in Nebenthemen – und außerdem haben Sie im Laufe Ihrer Promotion die diskursiven Techniken erlernt, die sie dazu befähigen, über Dinge »im gelehrten Modus« zu sprechen, von denen Sie eigentlich gar keine Ahnung haben. Die Sorge, jemand wolle Sie »in die Pfanne hauen« oder Sie öffentlich wegen Ihres Nichtwissens demütigen, können sie hier getrost vergessen. Eventuelle Revierkämpfe zwischen konkurrierenden Mitgliedern des Prüfungsausschusses sollten im Vorfeld beigelegt worden sein oder sich zumindest in der Prüfungssituation nicht so äußern, dass jemand den Eindruck bekommen könnte, hier werde ein Zwist unter Fachgelehrten auf dem Rücken von Prüflingen ausgetragen. Machen Sie sich aber bitte auch klar, dass die Professorinnen das letzte Wort haben und meistens auch dazu neigen, ihr scheinbar überlegenes Fachwissen an der ein oder anderen Stelle des Prüfungsgesprächs aufblitzen zu lassen. Lassen Sie sich in solchen Momenten nicht ins Bockshorn jagen, sondern geben Sie nach und denken Sie innerlich daran, dass niemand alles wissen kann ...

Der andere hier anzusprechende Punkt ist die Kontaktaufnahme zu einem Verlag. Auch hier neigen viele Promovierende dazu, sich die Sache größer, komplizierter und bedrohlicher vorzustellen, als sie ist. Zum einen dürfte es Ihnen nicht schwerfallen, die für Ihre Dissertation infrage kommenden Fachverlage ausfindig zu machen. Entweder sind Sie schon in der Recherchephase darauf gekommen, dass viele der in Ihr Fachgebiet fallenden Veröffentlichungen vom Verlag X oder Y stammen. Oder Sie schauen einfach, in welchem Verlag Ihre Professorin veröffentlicht oder suchen im Netz nach den entsprechenden Verlagen. Besprechen Sie auf jeden Fall Ihre Veröffentlichungspläne mit Ihrer Betreuerin und klären Sie Möglichkeiten von Druckkostenzuschüssen ab! Die Kontaktaufnahme ist dann auch ziemlich leicht. Bevor sie bei einem Verlag anrufen, sollten Sie sich auf dessen Homepage nach dem erwünschten Verfahren zur Einsendung von Manuskripten erkundigen. Meistens wird dort um ein Exposé, eine Leseprobe und um Geduld gebeten – die Bearbeitungszeit kann mehrere Monate dauern. Bedenken Sie, dass Ihr Manuskript nicht das einzige ist, das eingereicht wurde und dass es wahrscheinlich kaum zu einem Bestseller werden wird. Mit der Veröffentlichung von Dissertationen Geld zu verdienen, ist schwierig.

Wo wir beim Geld sind: In den allermeisten Fällen werden Sie selbst die Druckkosten übernehmen müssen, das heißt, Sie tragen die Kosten für das Korrektorat, das Lektorat, den Satz und den Druck Ihres Manuskripts. Da gibt es dann preiswerte Varianten (Sie lassen noch einmal eine Freundin korrigieren, wurschteln das Layout nach Verlagsvorgaben selbst mit Ihrer eigenen Textverarbeitung zusammen oder mit der Studierenden- und Schülervariante einer professionellen Satz-Software wie *InDesign*) oder teure Varianten (der Verlag übernimmt das alles für Sie – das kostet!). Von ein paar

Hundert bis ein paar Tausend Euro ist da alles drin. Deshalb lohnt es sich auf jeden Fall, sich schon im Vorfeld nach möglichen Druckkostenzuschüssen zu erkundigen. Den Verlag freut es jedenfalls, wenn die Druckkosten wenigstens zum Teil durch eine Institution abgesichert sind. Es gibt auch – und gar nicht so selten – die Möglichkeit, in Reihen zu publizieren, die von den Professorinnen, Instituten oder auch Ihren Stipendiengebern finanziert werden. Als Autorin sollten Sie auch unbedingt einen Vertretungsvertrag mit der *Verwertungsgesellschaft Wort* (VG Wort) abschließen, um die Nutzungsrechte und Vergütungsansprüche an Ihrem geistigen Eigentum zu schützen. Die VG Wort ist so etwas wie die GEMA für Autorinnen – sie sorgt dafür, dass die Nutzung Ihrer Texte durch Dritte für Sie etwas Geld einbringt.

Und danach?

Über die Möglichkeiten und Chancen, sich nach der Promotion im akademischen Bereich weiter zu qualifizieren, informieren Sie sich am besten direkt bei Ihrer Betreuerin. Sie ist die erste Anlaufstelle, um Signale aufzufangen, ob es mit einer akademischen Karriere überhaupt etwas werden könnte oder nicht. Sind diese Signale nicht sehr eindeutig, und haben Sie trotzdem die Ambition, im Wissenschaftsbereich weiterzuarbeiten, können Sie sich am besten auf den Seiten der Deutschen Forschungsgemeinschaft (DFG) informieren. Es gibt verschiedene Programme wie Forschungsstipendien, Nachwuchsgruppenleitungen und Ähnliches. Daneben stehen Ihnen natürlich auch die offiziellen Ausschreibungen der Hochschulen und Forschungseinrichtungen offen.

Die Produktionsphase im Schnelldurchlauf:

- Stellen Sie sich (wenigsten ein Mal in Ihrem Leben) die Frage, welche Auffassung von Wissenschaft Sie haben! Ist Ihr Anspruch essentialistisch oder nominalistisch? Bevorzugen Sie deduktive oder induktive Methoden? Betreiben Sie gesellschaftlich engagierte oder desengagierte Forschung?
- Die Dissertation kann durchgeplant sein, sie kann aber auch organisch wachsen.
- Benutzen Sie die Gliederung als Hilfsmittel nur für sich: damit Sie Ihrem Text eine Struktur geben können.

- Halten Sie sich nicht zu lange mit den Formalitäten der Gliederung auf.
- Treiben Sie die Gliederung inhaltlich hinunter bis zu jedem einzelnen Absatz.
- Probieren Sie einmal das Schreiben auf Papier.
- Formulieren Sie Ihre Ideen mündlich und nehmen Sie das auf.
- Machen Sie tägliche Backups Ihrer Dateien.
- Traditionelle Tricks zur Überwindung von Schreibhemmungen: Freewriting, Clustering, Brainwriting, Mindmapping.
- Weniger bekannte Tricks: Leisuring, Laymanchatting, Noworrying.
- Rückgrat zeigen: Sie sind die Herrin Ihres Themas.
- Am Ende: die Einleitung. Ein Hybrid aus Abstract und Teaser.
- Kniffe bei der Schlusskorrektur: Urlaub nehmen, auf Papier korrigieren, das Textbild verändern, andere korrigieren lassen.
- Vorbereitung auf Disputation oder Rigorosum: Nehmen Sie an einer öffentlichen Disputatio teil.

  Keine Scheu vor der Kontaktaufnahme mit einem Wissenschaftsverlag.

DIE PROBLEME DER PROMOTION

Hier geht es zuerst um das wichtige Thema »Betreuungsprobleme«. Ich beginne mit einem Schockbeispiel von akademischer Hochstapelei, um dann eine Typologie der durchschnittlichen Hochschulprofessorinnen zu zeichnen – nebst einigen Verhaltenshinweisen, die helfen können, die spezifischen Problemkonstellationen, die von diesen Professorinnentypen ausgehen, zu umschiffen. Dass hier einiges überzeichnet wird, ist Absicht. Es folgt ein Abschnitt über hausgemachte Probleme, die häufig mit Methoden des »Zeitmanagements« angegangen werden, was aber meiner Meinung nach zu oberflächlich ist, da sich hinter ihnen meist psychologische Probleme verbergen, die man anders reflektieren sollte als mit den Mitteln, die in Managementseminaren zur Verfügung stehen. Und schließlich widme ich mich akademischen Randgruppen – mir ist leider kein besserer Ausdruck eingefallen – und einigen der spezifischen Probleme, mit denen sie konfrontiert sind: Frauen, Arbeiterkinder und Ausländerinnen.

Die häufigsten Probleme, über die Promovierende mir in meinen Seminaren berichten, haben mit der »Betreuungssituation« zu tun. Eine »schwierige Betreuungssituation« rangiert auch bei im Netz publizierten Umfragen mit Promotionsabbrecherinnen ganz weit oben, wenn es um die Gründe für den Abbruch geht. Dabei handelt es sich bei der Formulierung selbst um einen Euphemismus: Eigentlich ist nicht die »Betreuungssituation« der Grund für Schwierigkeiten mit der Promotion oder sogar der Grund für den Abbruch, sondern die betreuende Person selbst. Wenn ich in meinen Seminaren nachfrage und um eine konkrete Beschreibung der »Betreuungssituation« bitte, wird das meist recht schnell deutlich: *Betreuungsprobleme sind Probleme der Betreuerin.*

So klagte beispielsweise eine Doktorandin darüber, dass Ihr Doktorvater sie bei jedem Gesprächstermin dazu überreden wollte, Ihr Thema immer weiter auszudehnen, und zwar über alle möglichen sinnvollen Fachgrenzen hinweg. Eine Zeitlang hatte sie das mitgemacht, weil sie anfangs selbst davon überzeugt gewesen war, ihre Arbeit sei zu wenig ambitioniert. Als es dann aber immer weiterging und der Professor immer absurdere Fachdisziplinen mitberücksichtigt sehen wollte, geriet die Doktorandin in ein Dilemma. Sie wollte sich nicht immer weiter in die Grundlagen von Fächern einlesen, die sie gar nicht studiert hatte; aber sie traute sich andererseits auch nicht, ihren Professor »vor den Kopf zu stoßen«.

Dies also waren die Eckpunkte der »schwierigen Betreuungssituation«: Überambitioniertheit aufseiten des Professors; mangelndes Selbstvertrauen aufseiten der Doktorandin, dem Professor das genauso zu sagen. Nun wäre es naheliegend, das Ganze auf ein simples Kommunikationsproblem zurückzuführen: Klar, die Doktorandin befand sich in einem Abhängigkeitsverhältnis zu ihrem Professor, da fiel es ihr schwer, all seine Ambitionen zurückzuweisen. Sie hätte halt ein bisschen an sich »arbeiten« müssen, vielleicht ein Rhetorik- oder Selbstvertrauenstraining machen, dann wäre es ihr auch gelungen, die eigenen Bedürfnisse besser gegenüber ihrem Professor zu kommunizieren …

In diesem speziellen Fall handelte es sich aber mitnichten um ein Kommunikationsproblem, sondern um den Fall eines akademischen Hochstaplers. Wie sich durch eine simple Internetrecherche herausfinden ließ, schmückte sich der besagte Professor mit mehreren Doktortiteln unterschiedlicher Fächer – genau jener Fächer, die er in der Dissertation seiner Doktorandin berücksichtigt sehen wollte. (Natürlich kann jemand – theoretisch – in vier oder fünf Fächern promovieren. Praktisch schafft das aber niemand vor der Rente!) Wann und wo er in diesen Fächern promoviert worden wäre, blieb übrigens völlig unklar. Er hatte nur ein einziges Buch in einem obskuren Kleinstverlag veröffentlicht. Der Rest seiner angeblichen Dissertationen hatte entweder keinen Titel oder befand sich »im Erscheinen«, ebenso wie viele seiner Koautorenbeiträge in wissenschaftlichen Sammelbänden, die sich auf seiner absurd langen Publikationsliste fanden. An der Fakultät, bei der er sich nach eigenen Angaben habilitiert hatte, war das Fachgebiet seiner Habilitation gar nicht vertreten. Seine Publikationsliste war nicht nur lang, sondern auch absolut krude – Obskures stand neben Unpubliziertem und nichtwissenschaftlichen Beiträgen. Das sicherste

Zeichen für einen akademischen Blender war jedoch der Umstand, dass er sich mit der Auszeichnung »Outstanding Intellectual of the 21st Century« schmückte – jeder, der nur für fünf Minuten recherchiert, kann herausfinden, dass es sich dabei um einen reinen Fantasietitel handelt, den man bei einem »*International Biographical Centre*« in Ely, Cambridgeshire, kaufen kann ...

Es handelte sich in diesem Fall also nicht um ein bloßes »Kommunikationsproblem« zwischen Betreuer und Doktorandin, sondern um die sich allmählich steigernde Verzweiflung der Doktorandin angesichts der manifesten wissenschaftlichen (und vielleicht auch persönlichen) Unredlichkeit ihres Betreuers. (Am Ende kam es zu einem Betreuungswechsel und alles ging gut aus.)

Zugegeben: Das hier war ein Extrembeispiel, das man nicht verallgemeinern sollte. Die meisten Betreuerinnen sind selbstredend und ohne jeglichen Zweifel *keine* Hochstaplerinnen ... und doch gibt es viele unterschiedliche Gründe, warum sich das Verhältnis zwischen Ihnen und Ihrer Betreuerin im Laufe Ihrer Promotionszeit eintrüben kann. Diese Probleme sind nicht immer nur »Kommunikationsprobleme« und sie sind auch nicht einseitig bei Ihnen selbst zu suchen (Sie sind faul, lustlos, zweifeln an Ihrer Fragestellung und an der ganzen Fachrichtung, Sie haben mangelndes Selbstvertrauen und halten sich für zu dumm). »Betreuungsprobleme« haben immer auch etwas mit Ihrer Betreuerin zu tun. Immer!

Wenn Sie sich beispielsweise überfordert fühlen, dann muss das nicht unbedingt auf Einbildung beruhen, sondern es kann auch daran liegen, dass Ihre Betreuerin Sie tatsächlich überfordert. Nun gibt es Professorinnen, die habituell eher dazu neigen, Ihre Doktorandinnen zu überfordern, als andere, und es gibt natürlich unterschiedliche Arten, Menschen zu überfordern. Wenn Sie beispielsweise am Lehrstuhl Ihrer Professorin arbeiten, könnten Sie durch Zahl und Umfang der dort anfälligen Aufgaben überfordert werden; wenn Ihre Professorin dazu neigt, übertriebene inhaltliche Forderungen an Ihre Forschung zu stellen, kann Sie das auch wissenschaftlich überfordern; und wenn am Lehrstuhl ein eigenartiges Sozialklima herrscht, kann Sie das psychologisch überfordern.

PROFESSORINNENTYPEN – UND WIE MAN IHNEN BEGEGNET

Wegen der Unterschiedlichkeit der möglichen Problemkonstellationen möchte ich hier eine Typologie von Wissenschaftlerinnen versuchen, um einige damit in Zusammenhang stehende Probleme aufzuzeigen und Hinweise zu geben, welche Problemvermeidungsstrategien in den jeweiligen Fällen angemessen sein könnten.

Disclaimer: Selbstverständlich handelt es sich im Folgenden um Karikaturen. Die dargestellten Motive, habituellen Eigenschaften und Handlungen aller karikierten Personen sind frei erfunden. Jegliche Ähnlichkeit mit lebenden oder realen Personen wäre rein zufällig, und für den Erfolg oder Misserfolg der angedachten Strategien übernehme ich rechtlich keine Verantwortung ...

Die Vielbeschäftigte

Sie ist so umtriebig, dass sie mal einzelne Bäume sieht, mal den ganzen Wald, aber häufig beides verwechselt. Ihre hohe Publikationsquote wird nur von der Zahl der von ihr betreuten Promotionen übertroffen. Sie ist nahezu omnipräsent auf Kongressen, Tagungen und Festveranstaltungen. Die vielbeschäftigte Professorin ist Direktorin ihres Instituts und selbstverständlich Mitglied in mehreren wissenschaftlichen Gesellschaften, bei denen sie auch gerne Funktionen übernimmt, etwa als Mitherausgeberin der Verbandsorgane. Gastprofessuren im Ausland stehen bei ihr alle drei Jahre an. Ihre wissenschaftliche Beraterkompetenz wird von ihr gerne kommuniziert, sie ist Mitglied in einer Partei und strebt einen Sitz bei einer Enquete-Kommission des Bundestages an. Die Fluktuation bei ihren Mitarbeiterinnen ist hoch. Ganz emsig ist die vielbeschäftigte Professorin bei der Drittmittelakquise, und hochschulpolitische Ränke sind ihr bei der Gremienarbeit nicht fremd. Sie gibt Presseinterviews und ist selbstbewusst genug, um es auszuhalten, dass es auch Feinde und Neider gibt, die ihr verübeln, dass sie den Ruf an die Universität X ausgeschlagen hat, um eine bessere Dotierung für sich an der Heimatuniversität herauszuschlagen, wobei sie den Plan verfolgt, in fünf Jahren Dekanin Ihrer Fakultät und in 10 Jahren Rektorin Ihrer Universität zu werden. Ihre wissenschaftlichen Leistungen sind mediokER, und es wird gemunkelt, sie schreibe ihre Artikel gar nicht mehr selbst.

Problemvermeidungsstrategie: Falls Ihre Betreuerin vom Typ der Vielbeschäftigten ist, drohen Ihnen wahrscheinlich nur sehr selten inhaltliche Probleme bei Ihrer Dissertation, wie etwa sachliche Meinungsverschiedenheiten, Uneinigkeiten über die Formulierung bestimmter Ergebnisse oder über die Anwendung bestimmter Methoden. Ungemach droht Ihnen in anderer Hinsicht: falls Sie zu dem einen oder anderen Punkt Ihrer Arbeit Beratungsbedarf haben sollten und das Sekretariat angesichts des übervollen Terminkalenders der Professorin Ihnen erst einen Gesprächstermin in drei Monaten anbieten kann. Besonders gegen Ende der Promotionszeit kann die mangelnde Ansprechbarkeit der vielbeschäftigten Betreuerin zum Problem werden, etwa, wenn es um die Koordination von Prüfungsterminen geht und die Betreuerin gerade ihr Forschungsfreisemester in Japan verbringt.

Grundsätzlich gegensteuern können Sie da nicht. Sie können sich Terminfindungsprobleme allerdings wesentlich erleichtern, wenn es Ihnen gelingt, bei der Sekretärin Ihrer Betreuerin ein offenes Ohr zu bekommen. Jammern, sich beschweren, auf seine »Rechte« pochen ist da nicht empfehlenswert. Seien Sie in Ihrer Korrespondenz und in Ihren Telefonaten mit dem Sekretariat stets freundlich, bedanken Sie sich auch ruhig mal überschwänglich, wenn etwas gut geklappt hat, und versuchen Sie insgesamt den Eindruck zu vermeiden, Sie seien so etwas wie ein Problemkind.

Machen Sie sich klar, dass auch dann, wenn die Promotion für Sie selbst eine Lebensaufgabe darstellt, die Sie für drei und mehr Jahre in Beschlag nimmt, es sich dabei für Ihre vielbeschäftigte Betreuerin nur um ein Projekt unter tausend anderen handelt, in das sie insgesamt kaum mehr als ein paar Arbeitstage investieren wird. Und dass die Hauptbeschäftigung dieser Arbeitstage nicht in der Lektüre Ihrer Dissertation oder einzelner Kapitel Ihrer Dissertation bestehen wird, sondern in der Abwicklung von Formalitäten.

Halten Sie daher Ihre Zwischenberichte, in denen Sie den bisherigen Fortschritt Ihrer Arbeit belegen müssen, möglichst knapp, einprägsam und leicht lesbar. Die vielbeschäftigte Professorin will nach Möglichkeit nicht mit der langwierigen Thematisierung von problematischen Aspekten, komplizierten Punkten und noch ungelösten Problemen konfrontiert werden. Stellen Sie bei jedem neuen Zwischenbericht immer wieder alle Details in den Gesamtzusammenhang Ihrer Arbeit, senden Sie also immer die aktuellste Gliederung mit, denn Sie sollten nicht davon ausgehen, dass die Professorin sich sofort daran erinnert, was Ihr Dissertationsthema ist, sobald sie nur Ihren Namen hört. Formulieren sie positiv klingende Sätze, die die Professorin per copy & paste in ihr Zwischengutachten übernehmen kann.

Wenn nicht ohnehin schon in Ihrer Betreuungsvereinbarung eine Seitenzahl-Obergrenze für Ihre (monografische) Dissertation festgelegt worden ist, versuchen Sie, auch Ihren Gesamttext möglichst kurz zu halten. Die vielbeschäftigte Professorin wird von einem 500-seitigen Konvolut nicht erfreut sein. Niemand ist das!

Wenn Sie der vielbeschäftigten Professorin keine Probleme bereiten, werden Sie selbst auch kaum welche bekommen. Eines nur: Wenn sich die Vielbeschäftigte auf die Reibungslosigkeit des Geschäftsverhältnisses zwischen Ihnen beiden besinnt, könnte sie auf den Gedanken kommen, Sie für ihr »Team« zu rekrutieren. Ein solches Angebot ist verlockend: Sie erhalten dadurch den Zugang zum »engeren Kreis«, bekommen Einblicke in den Arbeitsalltag am Institut, werden mit interessanten wissenschaftlichen Nebentätigkeiten oder sogar schon einem kleinen Lehrauftrag betraut, Sie erhalten die Gelegenheit zum Ausprobieren Ihrer *Soft Skills*, und sie bekommen sogar noch, anders als bei einem unbezahlten Praktikum, ein wenig Geld dafür.

Die Kehrseite: Die vielbeschäftigte Professorin wird nicht zögern, auch Sie viel zu beschäftigen. In den nominell 10 Stunden, die Sie am Institut arbeiten, und für die Sie bezahlt werden, wird das, was von Ihnen an Arbeitsleistung verlangt werden wird, nicht zu schaffen sein. Sie werden nicht nur, weil es bei diesen Anstellungsverhältnissen keine Überstundenregelungen gibt, viel Zeit umsonst arbeiten, sondern diese Arbeitszeit geht auch noch von Ihrer Dissertation ab. Und die Aussicht, dass eine Zugehörigkeit zum »Team« der vielbeschäftigten Professorin der Einstieg in eine akademische Karriere bedeuten könnte, ist vage.

Wägen Sie deshalb gut ab, ob es Ihrer Promotion dienlich ist, eine Arbeit am Lehrstuhl der vielbeschäftigten Professorin anzunehmen. Sagen Sie nicht, vom Glanz des Angebots geblendet, spontan zu, sondern verbinden Sie die Freudebekundung über das unverhoffte Angebot mit einer Bitte um Bedenkzeit.

Die Gelehrte

Sie sieht nur einzelne Bäume und ringt um die Definition des Begriffes »Wald«. Sie arbeitet seit einem Jahrzehnt an dem epochemachenden Werk ihrer Disziplin, das einen sehr engen, hochspezialisierten Bereich innerhalb ihres Faches umspannt. Nach zwei Büchern (der Dissertation und der Habilitationsschrift) hat sie nur ein oder zwei Aufsätze veröffentlicht, wobei sie bei dem zweiten lange gezögert hat, dem Drängen einer befreundeten Kollegin nachzugeben, den Text doch noch ins Kroatische übersetzen zu lassen. Die Anfrage, einen Artikel für ein Fachlexikon zu verfassen, hat sie abgelehnt, weil sie die Herausgeber für inkompetent hält. Ihr einziges Nebenprojekt ist die Mitherausgeberschaft an Teilband 7.2 der Kritischen Gesamtausgabe von XY, die aber schon seit einem Vierteljahrhundert ihrem Zeitplan hinterherhinkt. Ihr Netzwerk besteht aus einem einzigen Faden (nämlich zu der Freundin aus Kroatien), und der Wahrnehmung von Aufgaben in der Selbstverwaltung der Universität geht sie am liebsten aus dem Weg, denn hochschulpolitische Ränke sind ihr zuwider. Sie hat eine wissenschaftliche Mitarbeiterin, die gleichzeitig – neben Ihnen – ihre einzige Doktorandin ist und von der schwer zu sagen ist, ob sie jünger oder älter ist als die Professorin selbst. Das Thema der Dissertation der Mitarbeiterin behandelt einen Teilaspekt des Teilaspekts, an dem sich die gelehrte Professorin abmüht. Innerhalb des Instituts hat die gelehrte Professorin einen schweren Stand, ihre wissenschaftlichen Leistungen werden mangels Masse und Marketing nicht wahrgenommen.

Problemvermeidungsstrategie: Terminfindungsprobleme werden Sie mit einer Betreuerin vom Typus der Gelehrten nicht haben: Sie wird so gut wie immer in Ihrem Büro anwesend sein, wenn Sie nicht an den Tagen ohne Lehrverpflichtung von zu Hause aus arbeitet. Die von diesem Betreuerinnentypus zu erwartenden Probleme sind anderer Art: Da die gelehrte Professorin in Ihrer Dissertation eine Zuarbeit zu ihrem eigenen epochemachenden Werk sieht, wird Sie Gestalt, Umfang und Inhalt ihrer Dissertation weitestmöglich bestimmen versuchen. Sie hat Sie nicht nur von Ihrem ursprünglichen Themenvorschlag abgebracht, sondern weist Sie in jedem der unzähligen Beratungsgespräche darauf hin, dass in diesem Punkt noch weiter auszuholen und in jenem Punkt noch viel gründlicher anzusetzen wäre, sodass Sie sich ganz klein und dumm und ahnungslos vorkommen. Sie verzetteln sich mehr und mehr, die Zeit verrinnt, und Panik steigt in Ihnen auf, so zu enden wie die mumifizierende Assistentin der gelehrten Professorin. Dass Sie gar nicht die Absicht haben, sich den Nobelpreis zu erschreiben, sondern eigentlich deswegen promovieren, um sich für den Arbeitsmarkt zu qualifizieren, trauen Sie sich gar nicht zu sagen. Ein anderes Interesse als das an der »reinen Wissenschaft« würde das Weltbild Ihrer Professorin zum Einsturz bringen.

Zwei Fragen stellen sich: (1) Wie können Sie sich selbst dazu ermutigen, Ihrer Betreuerin zu sagen, dass Sie sich von ihr überfordert fühlen, dass Sie sich Sorgen um Ihre Zukunft machen usw.? Denn vielleicht ist es ja gar nicht so, dass für Ihre Betreuerin das Weltbild zusammenbricht, wenn Sie mit Problemen der außerakademischen Welt konfrontiert wird! Versuchen Sie beim nächsten Treffen das Gespräch auf andere Aspekte zu lenken als das rein Wissenschaftliche, um zu sehen, ob nicht doch eine menschliche Seite an der Gelehrten aufscheint, wo sie dann wiederum später ansetzen könnten, um Ihre Sorgen vorzubringen. (2) Wie können Sie sich rarmachen, um sich dem lähmenden Einfluss der gelehrten Betreuerin wenigstens für eine gewisse Zeit entziehen? Geben Sie ihr nicht (wie sonst immer) die Seiten zu lesen, die Sie in der letzten Woche geschrieben haben, um dann nur wieder die üblichen kleinstteiligen Anmerkungen und Verbesserungsvorschläge zu bekommen, sondern geben Sie ihr *das ganze Paket.* Das wird die gelehrte Professorin eine Weile beschäftigen, und vielleicht kommt sie selbst auf die Idee, dass man hier und da etwas straffen müsste ...

Doch Vorsicht: Da ich den Grad der Pedanterie Ihrer Professorin vom Gelehrtentypus nicht einschätzen kann (und da es sich ja bei den hier präsentierten Typen um reine Fantasieprodukte meinerseits handelt), kann die Problemvermeidungsstrategie auch komplett nach hinten losgehen. Natürlich sind Ihre eigenen küchenpsychologischen Fähigkeiten gefragt, wenn es um den Umgang mit realen Personen geht.

Bei der gelehrten Professorin kommt es darauf an, dass Sie sich gegenüber ihren Bevormundungsversuchen »freischwimmen«. Machen Sie ihr deutlich, dass es für Sie durchaus noch eine Zeit nach der Promotion gibt, und dass es bei aller wissenschaftlichen Sorgfaltspflicht doch auch pragmatische Gründe gibt, die Dissertation in einem angemessenen Zeitraum zu Ende zu bringen. Vielleicht wird Ihnen die Gelehrte entgegen, dass sie Ihnen ja auch nie die Aussicht auf eine wissenschaftliche Karriere eröffnet habe. Greifen Sie das auf! Sollten Sie ein Stipendium haben, ist der Ablauf der Förderungszeit ein recht gutes Argument dafür, die Promotion irgendwann auch mal abschließen zu wollen. Und für alle anderen, deren Finanzierung noch unsicherer ist, erst recht.

Machen Sie sich vor allen Dingen nicht den Habitus der Gelehrten zu eigen, indem Sie in sich selbst ein Perfektionsstreben heranzüchten, dass sie vom Schreiben der Endfassung Ihrer Dissertation abhält. Natürlich könnte man tausend weitere Details erwähnen oder die Verwendung bestimmter Grundbegriffe noch ausführlicher rechtfertigen, natürlich könnte man sich bis zum Lebensende mit einem einzigen Thema befassen. Aber wenn das, was Sie zu Ihrem Thema zu sagen haben, bereits 200 Seiten füllt, sollten Sie den Mut aufbringen, es dabei auch bewenden zu lassen. Sonst geht es Ihnen am Ende wie dem Wiener Theologen Thomas Ebendorfer (1388–1464), über den gewitzelt wurde, er habe 22 Jahre lang über das erste Kapitel des Jesaja gelesen, ohne an ein Ende gekommen zu sein ...

Die Koryphäe

Ihr Blick ist so geweitet, dass sie nur noch Wälder sieht, keinen einzelnen Baum mehr. Die weltberühmte Wissenschaftlerin ist schon so lange »im Geschäft« und hat einen derart reichen Erfahrungsschatz in *Res academiae* angehäuft, dass sie jede, die sich nicht rechtzeitig diskret zurückzieht, mit Anekdoten unterhalten kann, bis der Arzt kommt. Sie hat wissenschaftliche Moden kommen und gehen sehen. Hochschulpolitisch braucht sie sich nicht mehr ins Zeug zu legen, da ihr Name allein ja schon für den gesamten Wissenschaftsstandort wirbt, weshalb man ihr bei eventuellen Wünschen, was die Ausstattung des Lehrstuhls betrifft, jederzeit entgegenkommen wird. Ihr unüberschaubar großer Mitarbeiterinnenstab (eine Assistentin, drei wissenschaftliche Mitarbeiterinnen, eine große Zahl an mitlaufenden Doktorandinnen und eine Riesentruppe an studentischen Hilfskräften) ist cliquenhaft und esoterisch. Man kriegt nicht richtig heraus, worin deren Initiationsriten bestehen. Sie scheinen nicht zu ahnen, dass ein Menetekel über ihnen schwebt: Das drohende Ende ihrer Schule nach der Emeritierung ihrer großen Lehrmeisterin. Viele ehemalige Schülerinnen der Koryphäe sind selbst schon berühmte Wissenschaftlerinnen geworden: Von einer spricht man heute noch, die beiden anderen hatten immerhin vor 20 Jahren vielversprechende Namen. Man munkelt, sie arbeiteten an einer Festschrift für die Koryphäe zu deren 70. Geburtstag. Die wissenschaftlichen Leistungen der Koryphäe sind polarisierend: Die einen halten sie für schulbildend, die anderen für Scharlatanerie.

Problemvermeidungsstrategie: Die am Koryphäenlehrstuhl herrschende apokalyptische Stimmung ist eine Problemquelle eigener Art: Sie sind nicht vom am Fließband arbeitenden Wissenschaftsameisen umgeben wie am Lehrstuhl der Vielbeschäftigten, Sie sind auch nicht mit der Unzugänglichkeit der einsamen Assistentin im Büro der Gelehrten konfrontiert – hier werden Ihnen ganz andere gruppendynamische Effekte begegnen. Sind Sie bereit für die mikropolitischen Machenschaften, die Ihnen als Mitglied einer »Schule« abverlangt werden? Die informellen Verhaltensweisen, die Sie beachten müssen, um von einer solchen Gruppe akzeptiert oder gar integriert zu werden, sind vielfältig und kompliziert. Es wird ein kennerisches Nicken verlangt, auch wenn Sie gar nicht wissen, worum es geht. Es wird von »flachen Hierarchien« gesprochen und gleichzeitig höchster Wert darauf gelegt, dass Sie diese Hierarchien genauestens beachten. Sie müssen genau überlegen, wo Sie sich selbst innerhalb der Hackordnung dieser verschworenen Gemeinschaft positionieren wollen. Es gibt thematische No-go-areas und Namen, vorwiegend von Feinden oder Opfern der Koryphäe, die, im falschen Kontext erwähnt, wie Tretminen explodieren.

Von Ihrer eigenen Dissertation sollten Sie nicht zu viel erzählen. Denn es könnte einerseits gar kein Interesse an Ihrer konkreten Arbeit bestehen, da unterstellt wird, dass es ja ohnehin im Sinne der weltberühmten Werke der Koryphäe sein wird – dann gelten Sie als naiv. Es könnte aber andererseits auch ein sehr großes Interesse an Ihren Forschungen bestehen, ein ganz bestimmtes Abschöpfungsinteresse nämlich, wenn die Koryphäe selbst oder jemand aus dem »engsten Kreis« die Neigung verspüren sollte, Ihre Gedanken für die eigene Person zu reklamieren: Dann sollten Sie sich erst recht bedeckt halten, sonst gelten Sie als Opfer, das sich beklauen lässt.

Koryphäen sind in der überwiegenden Mehrzahl Männer, und sie sind alt. Die Wahrscheinlichkeit, dass Ihnen die Bereitschaft zum Beitritt in eine patriarchal organisierte Gemeinschaft abverlangt wird, ist groß. Halten Sie männerbündische Umgangsformen aus? Können Sie sexistische Reden anhören, ohne dagegen Einspruch zu erheben? Sind Sie trinkfest? Wenn Sie eine Frau sind, haben Sie da *a priori* ganz schlechte Karten.

Bei weiblichen Koryphäen und den Hackordnungen ihrer Klubs muss es Ihnen als Frau übrigens nicht wesentlich besser gehen. Man hat schon weibliche Koryphäen vom Erfolg des Feminismus reden hören, indem sie sich selbst gerne als das beste Beispiel dafür ausgeben, dass Frauen akademische Karriere machen können, obwohl ihnen das Erreichen eines wissenschaftlichen Rufs und einer hohen akademischen Position gewiss nicht leicht gemacht wurde. Viele dieser Erfolgsfrauen machen es aber selber kein bisschen besser als diejenigen, gegen die sie ihre eigene Position erkämpft haben. Weibliche Koryphäen fördern zwar weibliche Doktorandinnen besonders gerne – aber nur bis zu dem Punkt, wo es um die Neubesetzung der Assistentenstelle geht. Da wird's dann doch der einzige Mann am Lehrstuhl. Weil der ja nicht schwanger werden und als Arbeitskraft ausfallen kann ...

Koryphäen haben in ihrem Berufsleben viel leiden müssen. Das kann in joviale Altersmilde münden, das kann aber, je nach Charakter, auch zu unberechenbarem Verhalten bis hin zu cholerischen Wutanfällen führen. Geben Sie in solchen Fällen nicht allzu viel darauf, wenn die Koryphäe sie heute wegen einer klugen Bemerkung, die Sie angeblich geäußert haben, überschwänglich lobt und am nächsten Tag wegen einer Dummheit, die Sie sich angeblich geleistet haben, anbrüllt.

Heikel wird diese Unberechenbarkeit, wenn Ihnen dauerhaft ein eisiger Wind am Seminar entgegenbläst und sich die Koryphäe Ihnen gegenüber zu verleugnen beginnt. Nehmen Sie dies als Zeichen dafür, dass die Koryphäe Ihr Betreuungsverhältnis einseitig aufkündigen möchte und kontaktieren Sie schleunigst die Studienberatung Ihrer Universität, den AStA oder (wenn Sie Stipendiatin eines Begabtenförderungswerks sind) eine Vertrauensdozentin.

Externe Doktorandinnen sind deswegen bei Koryphäen meist besser aufgehoben als Doktorandinnen, die am Koryphäenlehrstuhl beschäftigt sind oder aus Opportunitätsgründen meinen, dort andauernd Präsenz demonstrieren zu müssen. Man bekommt als Externe von den Gemütsschwankungen eher wenig mit, und die Machtspielchen am Lehrstuhl brauchen Sie kaum zu interessieren. Vorsicht ist jedoch bei emeritierten Koryphäen geboten: Die statistische Wahrscheinlichkeit, dass Ihnen eine Emeritierte wegstirbt, ist höher als bei den Vergleichsgruppen. Promovieren Sie zügig und halten Sie einen Plan B bereit für den Fall der Fälle. (Ich meine das ganz ernst! Mein eigener Doktorvater ist während meiner Promotionszeit gestorben.) Meistens reicht es schon, sich bei den anderen Professorinnen am Institut bekannt gemacht zu haben, etwa durch den Besuch von Oberseminaren und Ähnlichem, um dann im Fall der Fälle von diesen weiter betreut zu werden.

Die beste Problemvermeidungsstrategie für alle drei der hier gezeichneten Betreuerinnentypen besteht darin: sich mit Freundinnen oder der Partnerin über die Probleme zu unterhalten, anderen Menschen die eigenen Sorgen anzuvertrauen. Ich spreche von Menschen außerhalb des engen akademischen Rahmens, in dem Sie sich die meiste Zeit bewegen. Ergreifen Sie die Chance, dass Ihnen Freundinnen auch dann zur Verfügung stehen, wenn Ihnen nicht nach einer wissenschaftlichen Erörterung zumute ist, sondern Sie sich einfach nur mal auskotzen müssen über Ihren cholerischen Professor oder die widerliche Assistentin. Dazu sind Freundinnen da. Die größte Gefahr droht Ihnen nämlich nicht vonseiten Ihrer akademischen Bezugsgruppe, sondern liegt darin, dass Sie mit Ihren Problemen alleine bleiben, dass Sie akademische Probleme einzig und allein auf akademische Art zu lösen versuchen. Finden Sie einen Ausgleich: Es gibt noch ein Leben außerhalb der Promotion.

Drei weitere Betreuerinnentypen will ich Ihnen nicht vorenthalten, obwohl es sich bei ihnen um eher seltene Vorkommnisse handelt.

Die Wortmetze

Sie *bolzt* um sich, bis es keine Bäume und keinen Wald mehr gibt. Ihre eigentliche Existenzform ist die mediale: Fernsehauftritte sind ihr wichtiger als die wissenschaftliche Arbeit. Die Universität, die institutionelle Grundlage ihres ökonomischen Wohlergehens, dient Ihr als Zielscheibe für Hohn und Spott. Die Wortmetze findet narzisstische Befriedigung darin, die Hand zu beißen, die sie füttert. Political Correctness sieht die Wortmetze nicht als Versuch, einen insgesamt zivileren Sprachgebrauch gesellschaftlich akzeptabel zu machen, der darauf achtet, Minderheiten nicht durch pejorative Begriffe herabzuwürdigen. PC ist in den Augen der Wortmetze eine totalitäre Beschneidung ihrer eigenen urpersönlichen Freiheit, Bullshitbingo *ad libitum* zu dreschen. Ihr Selbstbild ist so ungeheuerlich angeschwollen, dass man nicht mehr davon sprechen kann, sie habe den Bezug zur Realität verloren: Ihre argumentfreien Aneinanderreihungen von Buzzwords *negieren* Realität. Oder genauer: Die Wortmetze lebt in ihrer ganz eigenen Realität, in der sie glaubt, die Adressaten ihrer neurechten Vorträge würden ihr auch dann noch zuhören, wenn sie erst einmal an der Macht sind. Von »wissenschaftlichen Leistungen« der Wortmetze zu reden, ist ein Widerspruch in sich.

Problemvermeidungsstrategie: Laufen Sie schreiend weg!

Die Pflaume

Sie ist vom Baum gefallen und liegt jetzt im Wald herum … … … … Eigentlich ist sie aus dem akademischen System schon lange hinauskomplimentiert worden: Die Pflaume hatte sich im letzten Jahrhundert habilitiert und kommt seit vielen Jahren Lehrverpflichtungen nach, um ihre *Venia legendi* nicht zu verlieren – obwohl sie genau weiß, dass sie niemals einen Ruf erhalten wird, dass Sie von ihrem Privatdozententum, dem finalen Stadium ihrer akademischen Ambitionen, niemals ihren Lebensunterhalt bestreiten können wird. Das Geld zum Leben kriegt sie von woanders, der gelegentliche Aufenthalt an der Universität ist ihr zu einer amateurhaften Liebhaberei geworden, ihre Lehraufträge vermitteln ihr die schmeichelhafte Erinnerung daran, wie es war, als man noch Interesse an der Wissenschaft hegte. Sie lächelt sanft, wenn Sie von Erstsemesterinnen als »Frau Professor« angeredet wird, und korrigiert sie leise, obwohl sie im Stillen hofft, jemand würde bei ihr promovieren wollen. Theoretisch könnte sie ja, da sie habilitiert ist, eine Promotion betreuen …

Problemvermeidungsstrategie: Ein sicheres Zeichen, dass Sie es mit einer Pflaume zu tun haben, ist es, wenn jemand eine komplizierte oder eine grundsätzliche Frage stellt und Ihr Gegenüber darauf keine Antwort hat, nicht einmal eine Antwort von der Sorte: »Das kann ich Ihnen im Moment auch nicht sagen, aber ich mach mich schlau, melden sie sich nächste Woche wieder!« Nehmen wir an, Sie erinnerten sich an ein Einführungsseminar in Philosophie und an eine Kommilitonin, die mit der Behauptung der Dozentin, zu dem gerade diskutierten Standpunkt gäbe es »keine Alternative«, nicht einverstanden war. Mit einer etwas unglücklichen Formulierung fragte sie, ob es nicht doch noch so etwas wie »das Andere der Vernunft« geben könnte. Die Reaktion der Dozentin war: Schulterzucken. Sie war nicht einmal in der Lage zu sagen, das Konzept des »Anderen der Vernunft« sei unsinnig oder aus diesen und jenen Gründen abzulehnen – sie war einfach sprachlos angesichts der Infragestellung dessen, was sie selbst für Rationalität hielt. Sprachlosigkeit aber ist das Merkmal von Pflaumen. Jede Nicht-Pflaume hätte der Kommilitonin gesagt, sie solle mal Heidegger oder Derrida lesen, die wären nämlich auf der Suche nach dem »Anderen« der Vernunft.

Wohlgemerkt: Ich will hier mitnichten sagen, jeder, der von Heidegger oder Derrida noch nie gehört hat, sei eine Pflaume. Das wäre ja Unsinn. Und schon gar nicht will ich sagen, alle Privatdozentinnen seien Pflaumen. Das wäre genauso unsinnig. Viele Privatdozentinnen (und auch viele nichthabilitierte Juniorprofessorinnen) gehören vielmehr in die Kategorie der »Vielbeschäftigten«. Ich rede hier aber von einer Philosophie-Dozentin, die nicht in der Lage war, die halbgare Frage eines Erstsemesters auf ein oder zwei der einflussreichsten philosophischen Ansätze des 20. Jahrhunderts zurückzuführen. Von einer Dozentin also, die das Fach, über das sie doziert, nicht beherrscht.

Was ich mit der Figur der Pflaume vor allem deutlich machen möchte: dass es auch an Universitäten unglaublich inkompetente Menschen gibt. Akademische Insignien schützen nicht vor absoluter Ahnungslosigkeit.

Als Doktorandin können Sie das natürlich – wenn Sie ein sehr skrupelloser Mensch sein sollten – ausnutzen. Die Dankbarkeit der Pflaume, dass Sie sie für würdig befunden haben, Sie bei Ihrer Promotion betreuen zu dürfen, wird fast grenzenlos sein. Sie müssen nur zwei Dinge bedenken: Schreiben Sie nichts, was die intellektuellen Kapazitäten der Pflaume überfordern könnte – und machen Sie sich bewusst, dass Sie selbst als Pflaume gelten werden, wenn Sie bei einer Pflaume promovieren. Wenn Ihnen das nichts ausmacht: Nur zu!

Die Försterin

Sie bewegt sich gerne im Wald und pflegt einzelne Bäume. Ihrem wissenschaftlichen Output merkt man an, dass er nicht am Fließband entstanden ist. Ihre Publikationsliste ist nicht lang, aber die Sachen, die sie geschrieben hat, sind sorgfältig und gut. »Wissenschaftliche Redlichkeit« ist bei ihr kein bloß im Munde geführtes Modewort, sondern wird von ihr praktiziert. Im Gegensatz zu vielen Kolleginnen versucht die Försterin, einen etwa gleich großen Anteil ihrer Arbeit in Lehre und Forschung zu investieren. Sie kümmert sich um das Wohlergehen des wissenschaftlichen Nachwuchses, indem sie nicht mit Ihrem riesigen Netzwerk prahlt, sondern Kontakte zwischen ihren Doktorandinnen und Menschen herstellt, denen sie vertraut. Aufgaben in der akademischen Selbstverwaltung erledigt sie technokratisch, weil das in ihren Augen die angemessene Art und Weise ist, solche Aufgaben anzugehen. Im persönlichen Umgang mit Kolleginnen und Studentinnen ist sie aufgeschlossen, ohne jovial zu werden. Sie redet gerne, aber sie kann auch zuhören. Die Försterin vermittelt ihren Doktorandinnen selten Stellen im akademischen Betrieb, weil sie keine falschen Erwartungshaltungen wecken will. Dafür vermittelt sie ihnen aber etwas ganz Seltenes: dass wissenschaftliches Arbeiten ein großer Glücksspender sein kann. Ihre wissenschaftlichen Leistungen werden von denen, die sie lesen, gemocht.

Wenn Sie das Glück haben sollten, an eine solche Betreuerin vom Typ Försterin zu geraten, brauchen Sie sich über Problemvermeidungsstrategien wenig Gedanken zu machen. Nur sind die Försterinnen unter den Professorinnen leider fast so selten wie Einhörner auf einem Ponyhof.

ZEITVERNICHTUNG – ODER: WIE STRUKTURIERE ICH MEIN LEBEN?

Ein ganz großes Thema bei Coaching-Seminaren für Promovierende ist der Bereich »Zeitmanagement«. »Wie strukturiere ich meine Arbeitswoche (oder größere zeitliche Arbeitseinheiten) im Rahmen meines Promotionsprojektes möglichst effektiv?« Das scheint eine Frage zu sein, die vielen Promovierenden auf den Nägeln brennt. Der Dozent oder »Trainer« in den Coaching-Seminaren doziert deswegen sehr häufig über Begriffe, die aus der Managementforschung oder Unternehmensberatung stammen. Ich halte diesen Ansatz für das Projekt einer Promotion für irrig, oder, um es ein wenig abzuschwächen, zumindest für irreführend. Denn die tatsächlichen

Probleme, die so weit reichen, dass sie Promovierende in tiefe Selbstzweifel stürzen können, sind mit Methoden des »Zeitmanagements« nicht in den Griff zu bekommen. Diese Methoden rühren allenfalls an Symptomen, nicht an den Wurzeln des Übels.

Eine der meistgenannten Methoden des Zeitmanagements/Projektmanagements beruht auf dem Akronym SMART, das für »Spezifisch«, »Messbar«, »Aktivierend«, »Realistisch« und »Terminiert« steht.

Die »SMART«-Methode lässt sich sehr leicht vermitteln, versteht es sich doch fast von selbst, dass ich Projekte einigermaßen konkret zu formulieren habe, dass irgendeine Form der Überprüfbarkeit des Erfolgs eines Projektes gegeben sein muss, dass meine Motivation, mich mit dem Projekt zu befassen, der gelegentlichen Fütterung bedarf, dass ich mich auf die »Machbarkeit« konzentrieren und das ganze Projekt irgendwann auch ein Ende haben muss. Oder, andersherum formuliert: Der »SMART«-Methode zu Folge wären Projekte, die

- Nicht genau formuliert,
- Unüberprüfbar,
- Langweilig,
- Phantastisch und
- Endlos

sind, nicht SMART. Sondern NULPE. Und das will ja niemand!

Eine andere Methode des Zeitmanagements ist die »Eisenhower-Matrix«, nach der man alle andrängenden Aufgaben in vier Kategorien sortieren sollte: »Wichtig und eilig«: erledigen; »Wichtig, aber nicht eilig«: im Terminkalender planen; »Unwichtig, aber eilig«: delegieren; »Weder wichtig noch eilig«: Papierkorb.

Nun habe ich die Erfahrung gemacht, dass die Erläuterung solcher Management-Methoden regelmäßig aufdeckt, dass es hier um *Schlagwörter für Banalitäten* geht. Banalitäten, die darüber hinaus mit den spezifischen Problemen der Arbeitsorganisation und der Motivation bei einer Promotion wenig zu tun haben und überhaupt nicht weiterhelfen. Denn bei einer Promotion geht es eben in der Regel nicht um Mitarbeiterführung (»SMART«), und es geht auch nur sehr wenig um Verwaltungsaufgaben (»Eisenhower«). *Die hier zu diskutierenden Probleme fangen nämlich da erst an, wo das wohlfeile Wording der Unternehmensberatung bereits aufhört*: Ich habe eine Aufgabe auf meiner To-do-Liste, die »wichtig und eilig« ist, deren Formulierung den »SMART«-Kriterien entspricht – *und doch* erledige ich diese Aufgabe nicht …

Im vorangegangenen Kapitel habe ich von äußeren Problemen gesprochen, mit denen Sie möglicherweise in Ihrer Promotionsphase konfrontiert werden. Die jetzt zu besprechende Gruppe von Problemen, die sich während Ihrer Promotionszeit auftun können, kommt nicht aus Richtung der Betreuerinnen oder deren akademischen Anhängseln und auch nicht vonseiten Ihres Vermieters, der den Heizöltank nicht für den Winter aufgefüllt hat, sondern sie stammen von Ihnen selbst – von Ihrer Person, der einsamen Forschungsreisenden im Meer der Wissenschaften. Es sind »hausgemachte« Probleme, von denen einige schon umgangen werden können, indem Sie einfach zur richtigen Zeit darüber nachdenken und Ihre eigene Person gleichsam von außen zu betrachten versuchen. Andere sind ernsterer Natur und lassen sich nicht so leicht durch eine simple Änderung der Gewohnheiten oder Perspektive verwinden. In einigen Fällen kann sogar therapeutische Hilfe angesagt sein, die ich hier natürlich nicht leisten kann, aber auf die ich hier hinweisen will.

Alle diese Probleme – die oberflächlichen wie die tieferliegenden – zeigen sich daran, dass es mit Ihrem Promotionsprojekt »nicht richtig weiter gehen will« – dass Sie Ihrem Zeitplan hinterherlaufen, dass es Ihnen schwerfällt, sich zur täglichen Arbeit zu motivieren, dass sie den Überblick verlieren über die Schritte, die als Nächstes zu tun wären, dass sich das, was sie bereits geleistet haben, nicht mehr richtig in das Gesamtkonzept ihrer Arbeit einfügen will, oder gar, dass Sie an der gesamten Anlage Ihrer Arbeit zweifeln. Ich möchte versuchen, diesen Problemkomplex ein wenig aufzudröseln.

Dem Zeitplan hinterherhinken

Ihre Vorstellung davon, welche Teilarbeiten Sie in einem Tagespensum / Wochenpensum / Monatspensum abarbeiten können, beginnt zu verschwimmen. Die zeitliche Reihenfolge der von Ihnen geplanten Arbeitsschritte gerät durcheinander, die Hierarchie der Arbeitsschritte steht Ihnen nicht mehr deutlich vor Augen. Was ist wichtiger und sollte deswegen zuallererst bearbeitet werden, was ist vergleichsweise unwichtig? Sie verlieren den Überblick, Ihr eigener Zeitplan wird zu einer Quelle der Verwirrung.

Nun sind zwei grundsätzliche Reaktionen auf diese Verwirrung denkbar: Die eine wäre, das Chaos zu bejahen. Den Zeitplan über den Haufen zu werfen und sich »frisch ans Werk« zu machen – mit irgendeinem Teilaspekt loszulegen, ganz gleich wie »wichtig« oder »unwichtig« dieser jetzt auch sein möge. Die andere wäre: Ihren Zeitplan zu überarbeiten und dem logischen Bedingungsgefüge der zukünftigen Arbeitsschritte besser anzupassen und einen neuen, »realistischeren« Zeitplan zu erstellen.

Beide Reaktionen haben ihre Vor- und Nachteile. Den Zeitplan zu ignorieren und sich »frisch ans Werk zu machen« hat auf jeden Fall den positiven Aspekt, dass Sie irgendetwas für Ihr Projekt tun, und das ist schon mal besser, als die Hände in den Schoß zu legen. Es könnte aber auch zu neuer Verwirrung ausarten und Sie immer weiter von Ihrem ursprünglichen Plan entfernen, Sie selbst immer »planloser« werden lassen. Den Zeitplan anzupassen wiederum kann den positiven Effekt haben, dass Sie Ihr Projekt selbst »realistischer« umgestalten. Sie wollten ursprünglich im Einleitungskapitel Ihr Thema in enzyklopädischer Ausführlichkeit behandeln und haben dafür einen Monat Arbeitszeit veranschlagt? Weg damit! Mut zur Lücke! Niemand will eine Dissertation lesen, in der jemand das Rad neu erfindet. Insofern ist die Überarbeitung des Zeitplans also eine gute Sache. Machen Sie sich jedoch klar, dass auch der neue Zeitplan nicht vor weiteren, zukünftigen Modifikationen gefeit ist, und dass die in den Entwurf von Konzepten und Zeitplänen investierte Zeit keine Investition in die eigentliche Arbeit ist! (Eine Promovierende klagte einmal darüber, dass sie sich eigentlich die ganze Zeit bloß mit Konzeptualisierungen ihrer Dissertation befasse und noch keine einzige Zeile geschrieben habe. Man kann sich also auch zum Sklaven von Zeit- und Organisationsplänen machen!)

Wenn Sie also Ihrem eigenen Zeitplan hinterherhinken sollten, ist es wichtig, dass Sie sich dadurch nicht die Freude an der Arbeit nehmen lassen. (Ja, eine Dissertation sollte Ihnen auch Freude machen!) Lassen Sie sich auf keinen Fall einreden, Sie würden »zu wenig« an Ihrer Dissertation arbeiten – Zeitpläne sind nicht die Zehn Gebote! Nutzen Sie den Umstand, dass mit Ihrem Zeitplan etwas nicht stimmt, um vielleicht einige allzu ambitionierte Aspekte Ihres Projekts fallen zu lassen, und verschaffen Sie sich neue Orientierung über das, was realistischerweise von Ihnen überhaupt geleistet werden kann.

Motivationsprobleme

Nehmen Sie an, Ihr momentanes Interesse an einem bestimmten Teilaspekt Ihrer Arbeit sei wesentlich größer als an einem anderen Aspekt. Nehmen Sie weiterhin an, dieser von Ihnen gerade nicht mit dem allerheißesten Herzblut verfolgte »andere Aspekt« wäre der »wichtigere« oder »grundlegendere«. Beispiel: Sie hätten momentan viel größere Lust, ein Buch über die kulturhistorischen Hintergründe Ihres Forschungsthemas zu lesen, als einen Termin für den Zugang zu einem Archiv zu organisieren (Kontaktdaten raussuchen, Telefonate führen, legitimierende Unterlagen beibringen, den Terminkalender abgleichen, Bahntickets buchen und was sonst noch alles). Damit es aber mit Ihrer Arbeit »ordnungsgemäß« weiterginge, müssten Sie zuerst die ungeliebte Archivsituation klären. Denn das Material dieses Archivs brauchen Sie unbedingt! Wenn Sie nicht die Bestände ausgewertet haben, können Sie gar nicht mit einem bestimmten Aspekt Ihrer Arbeit anfangen! Sie stehen jetzt vor der Wahl, sich zu zwingen, die lästigen Telefonate zu führen, oder sich der Lektüre jenes Buches zu widmen, das Sie ohnehin die ganze Zeit schon lesen wollten.

Auch hier sind wieder zwei grundsätzliche Reaktionen denkbar: Sie »reißen sich zusammen« und nehmen die lästigere, aber scheinbar wichtigere Aufgabe – im Beispielfall: die Telefoniererei wegen des Archivtermins – zuerst in Angriff. Oder Sie »lassen sich gehen«, machen es sich in einem Ohrensessel gemütlich und lesen das Buch, das Sie schon immer lesen wollten, dessen unmittelbare Relevanz für Ihr Promotionsprojekt aber nicht ganz so klar ist.

Egal, ob sie Ihrer Pflicht nachkommen (Archivtermin!), oder ob Sie sich Ihrer Neigung überlassen (das Buch lesen) – wichtig ist gar nicht so sehr, was Sie an diesem Tag geleistet haben, sondern wie Sie selbst Ihre Tagesleistung psychologisch bewerten: Es kann sein, dass Sie nach der Terminorganisation so erschöpft sind, dass der Rest des Tages nur in unproduktivem Aktivismus vergeht, Sie deswegen übellaunig werden, an Ihrer Leistungsfähigkeit zu zweifeln beginnen usw. Es kann aber genauso gut sein, dass Sie sich innerlich selbst loben, diese lästige Aufgabe nun endlich abhaken zu können, und sich frohgemut den Rest des Tages frei geben! Im anderen Fall ist es genau dasselbe: Sie können die Lektüre des scheinbar unwichtigen Buches als Ablenkung von der eigentlich wichtigen Aufgabe deuten, übellaunig werden usw. Oder aber Sie freuen sich an dem Erkenntnisgewinn, den Ihnen das Buch verschafft hat, obwohl Sie noch nicht absehen können, ob das irgendeine Relevanz für Ihre Promotion haben wird, und verbuchen die Lektüre als gut genutzte Zeit, als Investition in Ihre Bildung.

Worauf ich hinaus will, ist Folgendes: Motivationsschwierigkeiten, die sich bei der Bewältigung bestimmter Arbeitsschritte im Verlauf Ihres Promotionsprojektes einstellen, sind einerseits Realitätsvermittler – jedes große Projekt besteht aus einer Vielzahl von Arbeitsschritten, von denen einige eben wenig angenehm und motivierend sind. Um noch einmal ganz kurz den Unternehmensberatungsjargon zu bemühen: Eine Promotion ist niemals von vorne bis hinten ein SMART-Projekt! Zu glauben, alle Aspekte der Arbeit an einer Dissertation wären erbaulich, interessant oder gar »spannend«, wäre sehr naiv. (Denken Sie an die Partygespräche, bei denen Sie jemand fragt, was Sie denn so machen würden, und auf Ihre Entgegnung, Sie promovierten gerade über die koleopterologischen Aspekte im Werk Kafkas, kommt die Antwort: »Oh, spannend!«)

Andererseits aber sind die Motivationsschwierigkeiten auch Anlässe, sich selbst zuzugestehen, dass bestimmte Aufgaben aufgeschoben werden können, ohne dabei ein schlechtes Gewissen haben zu müssen. Wenn Ihnen heute partout nicht danach ist, die Fußnoten von Kapitel 7 zu überarbeiten, dann machen Sie es eben heute nicht! Eine Dissertation ist nämlich auch keine Hausaufgabe für die Schule, die Sie am Donnerstag in der dritten Stunde abgeben müssen. Sie brauchen nicht nervös zu werden, wenn Sie über den Ablauf der zu erledigenden Aufgaben frei disponieren, denn es sind Aufgaben, die Sie sich selbst gestellt haben. (Das unterscheidet eine Promotion von Eisenhowers Ablagesystem!) Und vielleicht nehmen Sie Ihre eigene Unmotiviertheit, Kapitel 7 anzugehen, sogar zum Anlass darüber nachzudenken, ob es Kapitel 7 wirklich braucht. Denn vielleicht ist die subjektive Unlust, sich mit einem Teilaspekt Ihrer Dissertation zu beschäftigen, ja sogar eine uneingestandene Unzufriedenheit mit der Anlage Ihres Promotionsprojekts selbst!

Prokrastination und (Selbst-)Zweifel

Eine generelle Unlust am Weiterschreiben der Dissertation stellt sich erfahrungsgemäß erst im fortgeschrittenen Stadium des Promotionsprozesses ein. Überspitzt formuliert: Frisch Promovierende sind umtriebig, hochmotiviert und ahnungslos, fortgeschrittene Promovenden sind desillusioniert, sehen keinen Sinn mehr in der Sache und prokrastinieren. (Nicht falsch verstehen: Natürlich gilt das nicht für alle Promovierenden. Es gibt auch welche, die sind noch bei Abgabe ihrer Dissertation ahnungslos, und andere prokrastinieren von Anfang an ...)

Prokrastination – also das Aufschieben wichtiger Arbeiten durch Ersatzhandlungen – ist ein altbekanntes Phänomen, bei dem sich die Experten uneinig darüber sind, ob es sich um eine Krankheit handelt, die in die *International Classification of Deseases* aufgenommen werden soll, oder ob es sich lediglich um die Neigung handelt, angenehme Dinge lieber zu tun als unangenehme – eine Neigung, die wahrscheinlich so alt ist wie die Erfindung der arbeitsteiligen Gesellschaft. »Was du heute kannst besorgen, das verschiebe nicht auf morgen!« Ein schöner Rat! Aber wie hilfreich ist er wirklich?

Es sind meines Erachtens zwei verschiedene Dinge, zu prokrastinieren – oder unter der Prokrastination zu leiden. Erst wenn Sie sich selbst einen Leidensdruck kreieren, etwa indem Sie sich Vorwürfe von dritter Seite zu eigen machen, Ihnen »mangele es an Fleiß«, Sie seien eine »Bummelantin«, und dementsprechend Gewissensbisse entwickeln, wird die Prokrastination zu einem wirklichen Problem (und dann auch vielleicht zu einer echten Krankheit). Ab und zu faul zu sein, ist ja, seien wir ehrlich, gar nicht so schlimm. Man will halt nur nicht von anderen für faul gehalten werden (insbesondere nicht von der Chefin oder der Professorin oder von missliebigen Kolleginnen). Es kommt also weniger darauf an, ob sie objektiv faul sind, sondern wie Sie Ihre Faulheit kommunizieren. Staubsaugen, Fensterputzen und Netflixgucken sind per se nichts Schlechtes, nur sollten Sie sich in bestimmten Kommunikationssituationen nicht damit brüsten.

Was Sie sich aber auf jeden Fall selbst fragen können, ist: *Warum* Sie lieber Staubsaugen, Fensterputzen oder Netflixgucken, statt sich an das nächste Kapitel Ihrer Dissertation zu setzen? (Vorausgesetzt, es handelt sich dabei wirklich um Ersatzhandlungen und nicht um legitime Tätigkeiten im Dienste der häuslichen und psychischen Hygiene.) Warum sind Sie zu »faul« zum Promovieren? (Vorausgesetzt, Sie sind wirklich »faul«, im Sinne von »uninteressiert«). Auch hier wieder sollten die Zeichen von Lustlosigkeit und Prokrastination Anlass für Ursachenforschung sein.

Ist Ihnen Ihre eigene Dissertation – das gesamte Projekt – zu langweilig, zu anstrengend oder scheint sie Ihnen sogar völlig sinnlos geworden zu sein? Handelt es sich bei diesem Gefühl in Bezug auf Ihr Projekt um etwas, das phasenhaft wiederkehrt und auch wieder verschwindet, oder um einen Dauerzustand?

Promotionsabbruch

Wenn es ein dauerhaftes Gefühl des Überdrusses sein sollte, das sich bereits so ausgewirkt hat, dass Sie den durchschnittlichen Zeitrahmen, den Promotionen in Deutschland dauern (Daumenregel: fünf Jahre) bereits deutlich überschritten haben, dann sollten Sie sich mit dem Gedanken tragen, das Promotionsprojekt aufzugeben. Denn es sind nicht nur die ökonomischen Nachteile, die das weitere Festhalten an einem gescheiterten Projekt verbieten, sondern auch der fortgesetzte Mangel an Lebensqualität, den es für Sie (und auch für Ihre Angehörigen) mit sich bringt, wenn Sie das tote Pferd Ihrer Promotion immer weiter reiten. Sich zuzugestehen, die Promotion abgebrochen zu haben, ist leichter zu ertragen, als fortgesetzt in der Illusion zu leben, es doch noch einmal zu schaffen. (Wann denn? In zehn Jahren? In zwanzig?) Es gibt in Deutschland keine statistische Erfassung der Abbruchquote bei Promotionen, lediglich Schätzungen einzelner Universitäten, die natürlich von Uni zu Uni und von Fach zu Fach variieren und zwischen 25 und 40 Prozent schwanken. Als Gründe für den Abbruch einer Promotion werden zumeist zwei angegeben: »Berufliche Umorientierung« (was alles und nichts heißen kann) – und »mangelhafte Betreuung« (zu den Professorinnentypen vergleiche das entsprechende Kapitel). In beiden Fällen handelt es sich also um extrinsische Demotivation. Was kaum erwähnt wird, ist der »Mangel an wissenschaftlichem Interesse« als Hauptgrund für den Abbruch einer Promotion – also eine intrinsische Demotivation. Und darum geht es ja in diesem Abschnitt: Um Gründe für das Nicht-Weiterkommen Ihres Promotionsprojekts, die im Wesentlichen bei Ihnen selbst liegen.

Damit es nicht zum Äußersten – zum Abbruch der Promotion – kommt, sollten Sie die Art der Abneigung, die Sie gegenüber dem Projekt entwickelt haben, analysieren. Wichtig ist, dass Sie beachten, dass sich Ihr Unmut aus zwei Quellen speist: einerseits aus dem Inhalt und Zuschnitt Ihrer Arbeit und andererseits aus Ihrer eigenen Einstellung dazu.

Überarbeitung – Burnout

Ist Ihnen das Thema zu groß, zu komplex geworden, haben Sie das Gefühl, dass Ihnen die Promotion »über den Kopf wächst«?

Unübersichtlichkeit hat ja immer zwei Aspekte: Die Sache selbst kann verworren sein, oder Sie selbst stehen nicht auf einem Standpunkt, von dem aus Sie sich den richtigen Überblick verschaffen können. Sprechen Sie doch einmal mit akademisch interessierten Menschen aus Ihrem Bekanntenkreis – nicht mit Fachkolleginnen! – über Ihr Promotionsthema und fragen Sie sie, was aus ihrer Sicht interessant an diesem Thema ist. Manchmal ergeben sich aus solchen Gesprächen Perspektiven auf Ihre Arbeit, die Sie selbst noch nie hatten, und manchmal kann gerade auch die Relativierung einer spezifischen Fragestellung eine Sicht auf das Projekt eröffnen, von der aus sich der vermisste Überblick schlagartig eröffnet. (Manchmal bedarf es dazu nur eines einzigen Wortes, um ein Gedankenknäuel zu entwirren.)

Das Promotionsprojekt aus einem andern Blickwinkel zu betrachten oder zu relativieren kann aber auch bedeuten, dass Sie Ihre eigene Arbeitsleistung relativieren sollten. Insbesondere wenn Sie Schwierigkeiten damit haben, die nächsten anstehenden Arbeitsschritte in eine sinnvolle Reihenfolge zu bringen, die wichtigen Aspekte von weniger wichtigem Beiwerk zu unterscheiden. Die typischen Begleiterscheinungen solcher Schwierigkeiten: Sie verzetteln sich, Sie vertiefen sich perfektionistisch in immer unwichtigere Details, Sie versuchen, das Rad neu zu erfinden, Sie arbeiten an mehreren Seitenthemen gleichzeitig und bringen diese nicht zu einem Abschluss, Sie werden ungeduldig mit sich selbst und anderen, Sie produzieren Text wie am Fließband, der aber Ihrer eigenen kritischen Sicht schon am nächsten Tag nicht mehr genügt ... kurz: Sie legen die Zeichen eines Workaholics an den Tag.

Hier liegt die Gefahr weniger darin, dass Sie Zeit vergeuden, indem Sie prokrastinieren, sondern darin, dass Sie in hektischer Betriebsamkeit keine Dissertation, sondern Arbeitsergebnisse liefern, mit denen Sie subjektiv nicht zufrieden sind: Denn kopflose Betriebsamkeit produziert viel heiße Luft.

Die fortgesetzte Produktion heißer Luft birgt eine Gefahr: Workaholics neigen zu einer gewissen Beratungsresistenz. Sie verstehen nicht, dass das Gefühl, »noch mehr« arbeiten zu müssen, um den Berg an Arbeit abzutragen, der ihnen über den Kopf wächst, eigentlich ein Resultat der schon vorangegangen zu hohen Arbeitsinvestition in das Promotionsprojekt ist, genauer gesagt: ein Resultat des Missverhältnisses zwischen der Quantität der investierten Arbeit und der Qualität der Arbeitsresultate. Sie befinden sich also in der paradoxen Situation, dass Sie immer noch zu wenig über Ihr Thema wissen, obwohl Sie in Ihr Projekt bereits zu viel investiert haben. »Zu wenig« meint in diesem Fall, dass Sie entweder immer noch nicht die spezielle Expertise in Ihrem Fachgebiet haben, um Wichtiges von Unwichtigem zu unterscheiden. Oder dass Sie zu wenig Selbstbewusstsein an den Tag legen, das Unwichtige wegzulassen, und sich nicht trauen, fortan keine Zeit mehr in nebensächliches Beiwerk zu investieren. Wenn Sie es über einen längeren Zeitraum nicht schaffen sollten, ihre Arbeit qualitativ zu verbessern, kann die fortgesetzte Steigerung der Arbeitsquantität (die den Qualitätsmangel ja nicht kompensieren kann) zum Burnout führen. Denn es kann zu einer ärztlich verordneten Zwangspause Ihres Promotionsprojekts kommen – was in den meisten Fällen übrigens der Promotion zum Vorteil gereicht. Eine Zwangspause ist nicht unbedingt schlecht, wenn Sie sie dazu nutzen, Ihr Projekt, die bisherigen Arbeitsergebnisse und Ihre eigene Haltung zu reflektieren.

Mehr Selbstbewusstsein!

Mangelnde wissenschaftliche Souveränität kann die subjektive Wahrnehmung Ihres Promotionsprojekts auch dann beeinträchtigen, wenn es dafür keine sachlichen Gründe gibt, also Gründe, die objektiv in den geleisteten Arbeitsergebnissen liegen. Denn möglicherweise haben Sie ja überhaupt keine heiße Luft produziert, sondern schätzen nur das Selbstgeleistete weit unter Wert. Befürchten Sie, dass Ihr Thema zu klein, nebensächlich, irrelevant ist und keinen Menschen auf der Welt interessiert? Welches Licht stellen Sie jetzt genau unter den Scheffel: Ihr eigenes oder das Ihrer Arbeit?

Im Fall des wissenschaftlichen Souveränitätsverlustes können Sie versuchen, sich selbst davon zu überzeugen, dass Sie etwas Interessantes zu sagen haben, dessen Sinn sich nicht am Applaus der Tagespresse, der Ehrung Ihrer wissenschaftlichen Leistung oder dem Ruhm in der Nachwelt bemisst – und schon gar nicht an Ihrem späteren Karriereerfolg oder Misserfolg in der Berufswelt! Trauen Sie sich, ein wenig Größenwahn an den Tag zu legen! Überzogene Zweifel am Wert Ihrer wissenschaftlichen Arbeit sind oft ein Reflex, weil Sie sich selbst als Wissenschaftlerin nicht für voll nehmen.

Oder Sie können umgekehrt versuchen, einen pragmatisch-realistischen Standpunkt einzunehmen, indem Sie einen Blick auf den Kalender werfen und eine Konsequenz aus der Einsicht ziehen, dass Sie sich bereits im Spätherbst Ihres Dissertationsprojekts befinden. Dass Sie keine Lust mehr haben, weiter zu arbeiten, kann nämlich auch bedeuten, dass Sie innerlich mit Ihrem Thema abgeschlossen haben – warum es also nicht auch äußerlich abschließen?

Denn selbst wenn es so sein sollte, dass Ihr Thema »objektiv« völlig irrelevant für den Fortschritt der Wissenschaft ist, selbst wenn es so sein sollte, dass Ihre Problembeschreibung kein Deut am wissenschaftlichen Diskurs ändert, muss das nicht unbedingt heißen, dass Ihre Betreuerin das auch so sieht. Mehr noch: Selbst wenn Ihre Betreuerin das so sehen sollte, muss das nicht zur Folge haben, dass Sie deswegen mit einer schlechten Note beurteilt werden. Denn es geht bei einer Dissertation grundsätzlich nicht darum, die wissenschaftliche Welt aus den Angeln zu heben. Es geht um einen Kompetenznachweis: Dass Sie fähig sind, drei und mehr Jahre an einem wissenschaftlichen Projekt zu arbeiten, dass Sie den Jargon Ihres Faches beherrschen – und dass Sie am Ende den Mut haben, etwas abzuliefern, das *notwendigerweise nicht perfekt* ist.

Sie sehen also: Es geht in beiden Fällen – das Thema »wächst Ihnen über den Kopf« / das Thema ist »irrelevant für den Rest der Menschheit« – eigentlich um Ihre eigene Einstellung zu Ihrem Dissertationsprojekt. Nicht Ihre Dissertation ist »zu komplex« oder »zu unwichtig«, sondern Sie haben Ihr Promotionsvorhaben noch nicht genügend relativiert – oder aber zu sehr relativiert.

Eine Promotion *ist* in gewisser Weise Zeitvernichtung. *Jede* Tätigkeit ist das. Es kommt nicht darauf an, die Zeit möglichst optimal zu »managen«. Ein »tolles Produkt« ist es nicht wert, dass Sie darüber zu einem psychischen Wrack werden. Es kommt vielmehr darauf an, dass Sie am Ende erhobenen Kopfes auf diese Zeit zurückblicken können – das Produkt Ihrer Arbeit mag beurteilt werden, wie es will.

PROBLEME AKADEMISCHER RANDGRUPPEN

Es gibt schließlich noch eine dritte Sorte von Problemen, die während der Promotionszeit auf Sie zukommen können. Diese Probleme haben weniger offensichtlich mit Ihrer eigenen psychischen Konstitution zu tun und auch nur indirekt mit den Besonderheiten Ihrer Betreuerin. Sie resultieren aus Ihrer möglichen Zugehörigkeit zu akademischen Randgruppen. Ich verwende diesen Begriff hier nicht wertend, etwa in dem Sinne, dass es sich bei »Randgruppenproblemen« um weniger wichtige Probleme handeln würde. Das sind sie nicht. Im Gegenteil. Vielmehr möchte ich durch die Verwendung dieses kontroversen Begriffs auf den Umstand aufmerksam machen, dass die Universitäten in Ihrer 800-jährigen Geschichte Strukturen ausgebildet haben, die bis zum heutigen Tag exkludierende Wirkung entfalten, sodass leider immer noch von akademischen Randgruppen gesprochen werden muss. (Ausführlich dazu im Kapitel zur Geschichte der Promotion, S. 141 ff.) Um deutlicher zu werden, und um zu demonstrieren, welche Gruppen ich hier besonders im Blick habe: Wenn Sie ein *Mann* sein sollten, der die *deutsche Staatsangehörigkeit* hat und aus einem *bürgerlichen Elternhaus* stammt, gehören Sie zu keiner dieser Randgruppen. Sind Sie hingegen *weiblich*, *Ausländerin* und kommen aus der *Arbeiterklasse*, gehören Sie zu allen drei Randgruppen.

Frauen

Strukturelle Benachteiligung von Frauen, weil sie Frauen sind oder weil bestimmte Vorstellungen mit der Rollenzuschreibung »Frau« verbunden werden, sind in allen Gesellschaftsbereichen immer noch alltäglich – auch an den Universitäten. Ich spreche hier mit Absicht von strukturellen Benachteiligungen, da viele Varianten der Ungleichbehandlung aufgrund des Geschlechts (oder der Geschlechtszuschreibung) gar nicht »bewusst« oder »in böser Absicht« praktiziert werden – und dem Verursacher in den allermeisten Fällen auch gar nicht nachgewiesen werden können. Es hat sich seit 1920 (dem Jahr, in dem Frauen sich erstmals habilitieren durften) zwar einiges gebessert: An allen Hochschulen gibt es Gleichstellungsbeauftragte, es gibt Angebote der Kinderbetreuung, Frauen *können* Professorinnen werden. Doch es gibt auch immer noch die »gläserne Decke«, das heißt, Strukturen, die eine gerechte Verteilung der Aufstiegschancen im akademischen

Bereich verhindern: Nur knapp ein Viertel der Professorinnen *sind* Frauen – bei über 50 Prozent weiblichen Promovierenden.

Als Grund dafür, dass Frauen bei den akademischen Spitzenpositionen deutlich unterrepräsentiert sind, wird (meist unter vorgehaltener Hand) angegeben, dass ihnen immer noch die Hauptlast der sogenannten Reproduktionsarbeit zugemutet werde. Mit echtem oder geheucheltem Bedauern verweist man auf das *Factum brutum*, dass Frauen nun mal Kinder gebären könnten und sie deshalb potenziell mindestens für die Zeit des gesetzlichen Mutterschutzes als Arbeitskraft ausfielen. Einen solchen Karriereknick, wie ihn eine Mutterschaft darstelle, könne man sich nicht leisten, wenn man auf eine Spitzenposition abziele, in der Wirtschaft genauso wie in der Wissenschaft. Um dieser geschlechtsspezifischen Benachteiligung entgegenzuwirken, gebe es ja an jeder Hochschule Frauen- oder Gleichstellungsbeauftragte, an die sich Angehörige benachteiligter Gruppen wenden könnten.

Was bei diesem Argument völlig außer Acht gelassen wird, ist, dass es von fast allen Frauen mit Ambitionen auf akademische Führungspositionen längst internalisiert worden ist. Die meisten Frauen, die eine akademische Karriere über die Promotion hinaus anstreben, verschieben ihre Familienplanungsabsichten, wenn sie überhaupt welche haben, doch ohnehin schon auf den Sankt-Nimmerleins-Tag. Das Argument zieht also gar nicht. Auch kann man mit guten Gründen bezweifeln, dass die Gleichstellungsbeauftragten etwas für die *tatsächliche* rechtliche Gleichstellung von Frauen leisten können. Denn die Befugnisse und Rechte der Gleichstellungsbeauftragten sind in allen Bundesländern unterschiedlich – und in bestimmten Hinsichten überhaupt nicht – geregelt. In manchen Bundesländern hat etwa das Veto der Gleichstellungsbeauftragten gegen eine Berufungsentscheidung »aufschiebende Wirkung«, in anderen Bundesländern nicht. Dass ein Berufungsverfahren an einem Veto einer Gleichstellungsbeauftragten gescheitert wäre, hat übrigens noch niemand gehört. Wie auch: Es gibt gar keine gesetzliche Regelung darüber, dass einer Gleichstellungsbeauftragten zum Beispiel der Rechtsweg offensteht, wenn ihr Veto nicht beachtet wird. Sie kann also noch so wenig einverstanden sein mit der Berufung des (männlichen) Professors zum Nachteil seiner weiblichen Konkurrentin – an der Entscheidung der Berufungskommission ändert das überhaupt nichts. Angesichts der Regelungslücken hinsichtlich der Befugnisse, der Widerspruchs- und Beanstandungsrechte von Gleichstellungsbeauftragten an Universitäten und Fachhochschulen drängt sich mir der Eindruck auf, dass ihre Funktion innerhalb der Hochschulen viel geeigneter dazu ist, das Problem der strukturellen Benachteiligung von Frauen zu kaschieren als ihm abzuhelfen. Erst recht gilt dies auch für Behinderten- oder Inklusionsbeauftragte an den Hochschulen: Es ist wichtig, dass im Grundgesetz ein Benachteiligungsverbot für Menschen mit Behinderung formuliert ist (Art. 3 Abs. 3 GG), aber damit ist das Problem der tatsächlichen Benachteiligung von Menschen mit Behinderung beziehungsweise chronischen Krankheiten ja noch in keiner Weise gelöst. Weder gibt es flächendeckend barrierefreie Stellenausschreibungen und Arbeitsplätze, noch ist die Tätigkeit der Inklusionsbeauftragten bundesweit einheitlich geregelt, noch sind ihre rechtlichen Befugnisse klar.

Ich muss noch einmal auf die Situation »Promovieren mit Kind« zurückkommen. Ein Kind zu erziehen, nebenher vielleicht noch einem Job nachzugehen und gleichzeitig an einer Dissertation zu arbeiten, ist eine Dreifachbelastung, angesichts derer Sie gründlich überlegen sollten, ob Sie sich das zumuten können. Es ist nicht nur eine Frage des »Zeitmanagements«, sondern eine Frage der Abwägung, welchen der drei genannten Aspekte Sie am ehesten vernachlässigen können. Denn *dass* sie bei einer solchen Mehrfachbelastung den einen oder anderen Teil Ihres Lebens auch inhaltlich vernachlässigen müssen, ist klar. Das Involvement in den Job ließe sich vielleicht noch am ehesten reduzieren; allerdings auch nur dann, wenn irgendwie für Ihren Lebensunterhalt gesorgt ist. Die Erziehungsarbeit? Da sollte die Promotion gegenüber dem Kind und der Familie keine Entschuldigung sein, sich aus der Familienarbeit rauszuhalten; es darf nicht alles der Promotion untergeordnet werden, denn das würde Ihnen früher oder später zum Vorwurf gemacht werden: Vom Partner oder der Partnerin, die unter der von ihr fast allein getragenen Last der Erziehungs- und Familienarbeit einknickt; von den Großeltern, die langsam zu alt werden, um das Kind immerzu übernehmen zu können; vom Kind, das Ihnen später vorwerfen könnte, dass Sie ihm mit Ihrer Promotion die Kindheit verdorben hätten, dass Sie viel zu wenig für es »da« gewesen seien ... Also vernachlässigen Sie in der Konsequenz die Arbeit für Ihre Promotion! Sie können die Deadline für die Abgabe eines Zeitschriftenaufsatzes nicht einhalten, weil Ihr Kind krank ist. Sie sagen die Teilnahme an einem Kongress ab, weil Sie für diese Zeit keine Betreuung organisieren können (Ihr Partner oder Ihre Partnerin ist auf Fortbildung, die Großeltern sind in Urlaub, die Freundin hat gerade genug eigene Probleme). Es ist ein zweischneidiger Rat, denen ich Ihnen jetzt gebe, und ich sage es ungern: Wenn Sie im Kontext Ihrer Promotion »das Kind« als Entschuldigung für etwaige »Minderleistungen« vorschieben, wird das nicht dazu führen, dass Sie größeres Verständnis ernten, sondern im Gegenteil: Es wird Ihnen weniger zugetraut, *weil* Sie ein Kind haben. Das ist eine Ungerechtigkeit, und es ist falsch. Aber dieser Wind wird Ihnen in der Realität oft entgegenschlagen. Wenn Sie sehr viel Glück haben, werden Sie vielleicht auf jemanden stoßen, der für Ihre Situation Verständnis hat, aber in der Regel wird Ihnen das als Minuspunkt ausgelegt. Sie werden als Promovierende mit Kind von vornherein als Problemkandidatin eingetütet, bevor es überhaupt zu konkreten Problemen kommt.

All das gilt aber für Frauen und Männer gleichermaßen. Schließlich gibt es ja nicht nur promovierende Mütter, sondern auch promovierende Väter. Und auch diesen stellt sich die Frage nach der »Vereinbarkeit von Beruf und Familie«. Trotzdem sind Frauen viel häufiger von den Vorurteilen betroffen als Männer. »Sie hat ein Kind – sie ist ein Problemfall!« Den Vätern wird meist immer noch unterstellt, dass sie selbstverständlich dazu bereit seien, die Familien- und Erziehungsarbeit der Arbeit an der Promotion (oder der Karriere) zu opfern. Frauen andererseits, die dasselbe tun, stehen immer noch unter dem (inzwischen allerdings meist unausgesprochenen, da altmodischen) Verdikt, »Rabenmütter« zu sein. Und deswegen ist die Konstellation »Promovieren mit Kind« ein Paradebeispiel für das, was ich oben angedeutet habe: Die strukturelle Benachteiligung von Frauen, an denen die Institution der Gleichstellungsbeauftragten kaum etwas zu ändern vermag.

Die »Gefahr«, ein Kind zu bekommen und dadurch für eine akademische Karriere auszufallen, ist aber nur ein Aspekt der strukturellen Benachteiligung von Frauen. Weitaus häufiger ist ein anderes Vorurteil: Frauen seien im Vergleich zu ihren männlichen Konkurrenten »weniger durchsetzungsfähig«. Nehmen Sie den (fiktiven, aber nicht unrealistischen Fall) eines Professors, der an seinem Institut eine Außenseiterrolle hat und seine Assistentenstelle mit einer möglichst robusten Person besetzen möchte. Da kommt der vor Selbstbewusstsein strotzende Hundertkilomann mit Stentorstimme einfach besser an als die ängstliche 1,60-Meter-Frau mit ihrem Pieps-Sopran. (Das seien Klischees, meinen Sie? Ja, gewiss sind das Klischees. Aber warum sollten Klischeevorstellungen nicht auch bei Professoren Einfluss auf die Entscheidung haben?) Natürlich wird der im Bewerbungsprozess unterlegenen Frau niemand sagen, dass sie wegen ihres Aussehens oder ihrer Stimme ausgeschieden ist. (Man will es sich ja nicht mit der Gleichstellungsbeauftragten, auch wenn sie keinerlei Machtbefugnisse hat, verscherzen. Das macht nur unnötigen Papierkram.) Offiziell werden natürlich »sachliche Gründe« den Ausschlag gegeben haben. Sachliche Gründe sind ja immer bei der Hand, wenn einem jemand nicht passt ...

Im konkreten Einzelfall – als Betroffene – können Sie da kaum etwas tun, was die Folgen der Diskriminierung rückgängig machen würde. Sie haben eben die Assistentenstelle nicht bekommen, und fertig! Die Gleichstellungsbeauftragte kann sich in Ihrem Auftrag beschweren – und das war's. Solange die rechtliche Stellung der Gleichstellungsbeauftragten an Hochschulen nicht gestärkt und eindeutig und länderübergreifend geregelt wird, wird sich in der akademischen Landschaft an der Benachteiligung von Frauen aufgrund von Klischees, Stereotypen, Machismen, Misogynie und Antifeminismus nichts ändern. Diese *Mindsets* gibt es überall in der Gesellschaft, und es wäre naiv, anzunehmen, in akademischen Kreisen gäbe es so etwas nicht.

Ein Professor (männlich) mokierte sich einmal darüber, dass diesem »identitätspolitischen« Thema – dem »Frauenthema« – ein zu großer Platz eingeräumt werden würde. Männer, so meinte er, müssten im Universitätsalltag genauso hart um Anerkennung und Unterstützung in den entsprechenden Netzwerken *kämpfen* wie Frauen. (*Kämpfen* war das Wort, das er benutzte – steckt dahinter vielleicht die Auffassung, die Universität sei kein Forum, auf dem Argumente ausgetauscht werden, sondern eine Arena, in der die Fäuste fliegen?). Die Hauptschwierigkeiten beim *Kampf* um Anerkennung in der *Scientific Community* sah er jedenfalls weniger bei den Geschlechtern, sondern vielmehr im Herkunftsmilieu der Promovierenden. Menschen aus bildungsfernen Elternhäusern hätten größere Probleme, die habituellen Erwartungen des akademischen Milieus zu erfüllen, als Menschen aus Akademikerfamilien. – Nun kann man dieser letzteren Bemerkung natürlich kaum widersprechen, handelt es sich doch um eine Binsenweisheit, dass Menschen ohne akademischen Habitus es im akademischen Milieu schwerer haben als Menschen mit akademischem Habitus. (Dazu übrigens gleich mehr.) Was mich an der Bemerkung des Professors vor allem störte, war sein Schlusssatz: »Eine Professorentochter muss mit geringeren Unsicherheiten und Verunsicherungen kämpfen als der Sohn eines Arbeiters.« Mit diesem Dreh – er schrieb ja mit Absicht nicht von einem »Professoren*sohn*« und der »*Tochter* einer Arbeiter*in*« – versuchte er, das *eine* Diskriminierungsthema (die strukturelle Benachteiligung bildungsferner Milieus) gegen das andere Diskriminierungsthema (die sexuelle beziehungsweise Genderdiskriminierung) auszuspielen. Das erinnerte mich an eine alte Kontroverse der Studentenbewegung, in der die feministischen Stimmen, die sich dafür aussprachen, die Unterdrückung der Frauen durch das Patriarchat *als Variante der Unterdrückung der Arbeit durch das Kapital* anzusehen, von der männlichen Mehrheit abgetan wurden: Sie sollten doch nicht mit ihrem Insistieren auf einem »Nebenwiderspruch« (dem Antagonismus zwischen Männern und Frauen) vom »Hauptwiderspruch« (dem Antagonismus zwischen Kapital und Arbeit) ablenken ... Ich finde, man sollte sich davor hüten, die eine benachteiligte Gruppe gegen die andere auszuspielen.

Arbeiterkinder

Laut der 21. Sozialerhebung des Deutschen Studentenwerks (kein Schreibfehler – die nennen sich wirklich so) für das Jahr 2016 gaben 20 Prozent der Studierenden als »höchsten Berufsabschluss« ihrer Eltern einen »Meister(innen)-, Techniker(innen)- oder Fachschulabschluss« an. In den Diskursen über Bildungsgerechtigkeit wird diese Gruppe von Studentinnen als »Erstakademiker« bezeichnet – das heißt, sie sind die Ersten ihrer Familie, die überhaupt an eine Hochschule oder Fachhochschule gehen.

Studierende, deren Eltern keinen Berufsabschluss haben, sind noch sehr viel stärker unterrepräsentiert. Laut der Studie waren es lediglich 3 Prozent. (Antwort auf die Frage nach dem höchsten elterlichen Berufsabschluss: »Kein Abschluss«.)

Wenn wir die Berufsabschlusszeugnisse der Eltern als Indizien für die soziale Schichtzugehörigkeit ansehen, dann ist der Anteil derjenigen Akademikerinnen, die aus jener »bildungsfernen« Schicht stammen, die per Definition über »geringes Einkommen, geringes gesellschaftliches Ansehen und geringe Bildungschancen« verfügt – also aus jener sozialen Schicht, die sich früher selbst als »Arbeiterklasse« bezeichnet hat – absolut marginal. Auf drei »Arbeiterkinder« an der Hochschule kommen 97 Nicht-Arbeiterkinder.

Zahlen und soziologische Klassifikationen sind das eine – die Ausgrenzungserfahrungen, die jemand macht, der die Gepflogenheiten der zahlenmäßig stärksten Gruppe innerhalb des akademischen Betriebs allererst lernen muss und sie eben nicht schon im bildungsbürgerlichen Elternhaus gleichsam mit der Muttermilch aufgesogen hat, sind das andere. Wenn Sie als Kind schon vor der elterlichen Privatbibliothek gespielt haben und früh dazu angehalten worden sind, ein klassisches Instrument zu lernen, haben Sie ein intuitives Bild davon, was »Bildungsnähe« ist. Entgegen meiner sonstigen Gewohnheit, auf Anleihen bei berühmten Autorinnen zu verzichten, zitiere ich hier ausführlicher Pierre Bourdieu:

> »Die Kleinbürger haben kein spielerisches Verhältnis zum Bildungsspiel: sie nehmen die Kultur zu ernst, um sich einen Bluff oder Schwindel zu erlauben oder auch nur die lässige Distanz, die von wirklicher Vertrautheit zeugt; zu ernst, um nicht ständig besorgt zu sein, ob sie nicht bei Unkenntnissen oder Schnitzern ertappt werden, und auch zu ernst, um Prüfungssituationen ausweichen zu können in die gleichgültige Blasiertheit derer, die ohnehin außer Konkurrenz sind, oder in die Gelassenheit derjenigen, die sich ermächtigt fühlen, ihre Bildungslücken zu gestehen und sogar auf ihnen zu bestehen. Bildung mit *Wissen* gleichsetzend meinen sie, ein Gebildeter sei, wer einen unermeßlichen *Schatz* an Wissen besäße, und können es nicht fassen, verkündet er [...], daß Bildung in ihrer einfachsten und erhabensten Form sich reduziere auf den *Bezug zu ihr.* [...] Die Kleinbürger machen aus der Bildung eine Frage von wahr und falsch, eine Frage auf Leben oder Tod, und ahnen nicht im geringsten, welche unverantwortliche Selbstsicherheit, unverschämte Lässigkeit, ja versteckte Unaufrichtigkeit hinter jeder Seite eines ›inspirierten‹ philosophischen, künstlerischen oder literarischen Essais steckt.« (Bourdieu, Die feinen Unterschiede, 22. Auflage, Frankfurt am Main 2012, S. 518.)

Stören Sie sich hier bitte nicht am Ausdruck »Kleinbürger«. Was Bourdieu meint, ist jener Geisteszustand, der bei denjenigen vorherrscht, die sich ihren Zugang zu Bildung, Bildungsgütern und Wissen erst erarbeiten mussten (und nicht spielerisch in die Wiege gelegt bekommen haben). Das schließt nicht aus, dass Sie – die Sie möglicherweise jener oben erwähnten »bildungsfernen Schicht« angehören – sich nicht an die Spielregeln des »Bildungsspiels« adaptieren können. *Was* Ihnen aber schwerfallen dürfte, ist der *Genuss* an diesem Spiel. Und darin besteht exakt jene Ausgrenzungserfahrung, die Sie im akademischen Betrieb machen werden: *Man wird Sie als Spielverderber ansehen, wenn Sie die akademische Sache zu ernst nehmen.* Das alles schließt natürlich weder die Option auf eine akademische Karriere nach der Promotion aus noch die Möglichkeit, sich bei Leidensgenossinnen Unterstützung zu holen. (Inzwischen gibt es an vielen Hochschulen organisierte Gruppen von Leuten aus Nichtakademikerfamilien, die Sie bei konkreten Problemen beraten können.)

Wenngleich es wie gesagt schwierig ist, habituelle Anpassungsschwierigkeiten zu überwinden, ist das jedoch nicht unmöglich. Worauf in diesem Zusammenhang aber auch noch aufmerksam gemacht werden muss, sind die Einflüsse der oben bereits beim Thema der Frauendiskriminierung angesprochenen Stereotype. So werden beispielsweise Menschen mit Migrationshintergrund mit Vorurteilen hinsichtlich ihres Bildungshintergrunds konfrontiert, die oftmals nichts anderes zur Grundlage haben als die bloße Nennung ihres Nachnamens. Wenn sich Herr oder Frau Schmidt auf eine Stelle an der Uni bewirbt, so fehlt der Sekretärin oder der Professorin erst mal jedes Indiz, das auf den möglichen Bildungshintergrund der Person schließen lassen würde. Bei Herrn oder Frau Yüksekoğlu kann hingegen durchaus die Assoziation aufkommen, er oder sie sei Nachfahre von »Gastarbeitern« und komme damit gleichsam automatisch aus einem bildungsfernen Elternhaus. Dass Frau Yüksekoğlu die Tochter des Chefchirurgen der Uniklinik ist, stellt sich dann erst beim Durchlesen des Bewerbungsschreibens heraus ...

Natürlich will ich mit dem letzten Absatz nicht behaupten, dass es an deutschen Universitäten von Rassisten nur so wimmle. Ich möchte nur Menschen mit Migrationshintergrund darauf aufmerksam machen, dass die bloße Tatsache, einen Migrationshintergrund zu haben, einen Ansatzpunkt für das Festmachen jener »feinen Unterschiede« bietet, die Bourdieu in dem oben zitierten Buch zum Thema macht.

Ausländerinnen

Im Jahr 2019 lag in Deutschland laut Statistischem Bundesamt der Anteil ausländischer Promovierender bei 30 Prozent. Die Hauptschwierigkeiten, mit denen sich Promovierende ohne deutsche Staatsangehörigkeit (zusätzlich zu den »normalen« Schwierigkeiten einer Promotion) konfrontiert sehen, liegen im Wesentlichen in den aufenthaltsrechtlichen Bestimmungen, in der Sprache – und (in manchen Fällen) in Erfahrungen mit Alltagsrassismen. Gegen Letzteres ist kein Kraut gewachsen, und mir fällt auch kein wohlmeinender »Tipp« ein, den ich Betroffenen geben könnte – außer vielleicht, die Stadt zu wechseln, was aber auch keine Lösung ist. People of Color, die ich zu diesem Thema angesprochen habe, erzählten mir, dass sie im Allgemeinen weder im universitären Umfeld noch im Alltag Anfeindungen wegen Ihres Äußeren ausgesetzt sind. Dieselben Menschen ergänzen dann jedoch, dass sie Veranstaltungen mit größeren Menschenmassen meiden, insbesondere Festivitäten, bei denen Alkohol im Spiel ist (Oktoberfest, Karneval). Würde ich auch so machen, ist aber wie gesagt keine Lösung.

Kommen wir deswegen zu den handhabbareren Fällen! Da wären als Erstes die aufenthaltsrechtlichen Bestimmungen zu erwähnen. Wenn Sie Staatsbürgerin eines EU-Landes beziehungsweise eines Landes des europäischen Wirtschaftsraumes (EWR) sind, benötigen Sie kein Visum für die Einreise nach Deutschland. Alle anderen benötigen ein solches *Einreisevisum* (und müssen sich innerhalb einer Woche beim zuständigen Einwohnermeldeamt (oder »Bürgeramt« oder »Bürgerbüro«) anmelden. Für den Fall, dass Sie während Ihrer Promotion in Deutschland leben wollen, benötigen Sie zusätzlich eine *Aufenthaltserlaubnis* (innerhalb von 90 Tagen nach Ankunft bei der Ausländerbehörde Ihrer Universitätsstadt zu beantragen). Des Weiteren benötigen Sie einen Nachweis über ausreichende *Krankenversicherung* und (bei einigen Ländern) auch noch einen *Finanzierungsnachweis.* Am besten erkundigen Sie sich über alle benötigten Formalitäten beim Auswärtigen Amt oder beim Deutschen Akademischen Austauschdienst (DAAD).

Was wäre eine gut funktionierende Bürokratie ohne Fristen, nach denen die von ihr ausgestellten Urkunden und »Titel« ihre Gültigkeit verlieren?

Die Aufenthaltserlaubnis gilt für zwei Jahre und muss gegebenenfalls beim Ausländeramt verlängert werden. Hier müssen Sie als ausländische Doktorandin ironischerweise vor allem dann mit Schwierigkeiten rechnen, wenn Sie bereits Ihr Studium in Deutschland absolviert haben sollten. Variante 1: Sie überschreiten die Gesamtzeit von 10 Jahren, die Sie in Deutschland mit der Aufenthaltserlaubnis »zum Zwecke eines Studiums« verbringen dürfen. Lösung: Ausführliches Begründungsschreiben Ihrer Betreuerin, das bei der Ausländerbehörde einzureichen ist. Variante 2: Sie haben nach Ihrem Masterabschluss eine neue Aufenthaltserlaubnis »zum Zwecke der Berufsausübung« beantragt, sich später aber dazu entschieden, doch noch zu promovieren. Leider stellt sich in diesem Fall die Ausländerbehörde quer und verlangt von Ihnen, in Ihr Heimatland zu reisen und von dort eine neue Aufenthaltsgenehmigung »zum Zwecke des Studiums« zu beantragen. Einzige Lösung: Anwältin einschalten ...

Für Refugees sind die bürokratischen Hürden – man muss fast sagen: naturgemäß – noch höher. Bei Geflüchteten, die ja per Definition *nicht mit einem Einreisevisum nach Deutschland gekommen* sind, hängt die Möglichkeit, in Deutschland zu promovieren, vom Ausgang ihres Asylverfahrens ab – solange das Verfahren noch läuft, ist die Aufnahme eines Promotionsstudiums theoretisch zwar möglich, praktisch aber zumindest unwahrscheinlich. Nun gibt es vier mögliche erfolgreiche Ausgänge des Asylverfahrens: Die Anerkennung als politisch Verfolgte nach Art. 16 a GG, die Zuerkennung des Flüchtlingsschutzes nach § 3 AsylG, die Zuerkennung des subsidiären Schutzes nach § 4 AsylG und die Feststellung eines Abschiebungsverbots nach § 60 AufenthG. Variante eins (politisches Asyl) und zwei (Flüchtlingsstatus) gehen mit einer Aufenthaltserlaubnis für drei Jahre einher, Variante drei und vier mit einer Aufenthaltserlaubnis für ein Jahr. Alle Aufenthaltserlaubnisse können nach Antrag verlängert werden.

Insofern sind die Möglichkeiten zu promovieren für Menschen, die einen erfolgreichen Asylantrag gestellt haben, vergleichbar mit denen der Nicht-EU-Bürgerinnen. In einem Punkt haben sie sogar einen Vorteil: Während ein normaler Aufenthaltstitel (für Studienzwecke oder zum Zweck der Berufsausübung) immer voraussetzt, dass Sie für Ihren Lebensunterhalt selbst sorgen können (durch einen Job an der Uni beziehungsweise durch Stipendien) und keine öffentliche Unterstützung benötigen, haben schutzberechtigte Geflüchtete die Möglichkeit, Sozialleistungen zu beziehen, ohne dass sich das auf ihre Aufenthaltserlaubnis auswirkt. Menschen mit anerkanntem Asyl- oder Flüchtlingsstatus sollten dabei jedoch unbedingt zwei Dinge beachten: Wenn Sie ein Stipendium haben, müssen sie das der zuständigen Sozialbehörde mitteilen, denn es wird mit den Sozialleistungen verrechnet. Und sie dürfen (anders als Eingereiste mit einem Visum) keinesfalls in ihr Heimatland reisen, da ansonsten der Asyl- oder Flüchtlingsstatus erlischt.

Für detaillierte Informationen über das Thema empfehle ich die Seiten der Alexander von Humboldt-Stiftung zum »aufenthaltsrechtlichen Status gefährdeter Forschender« (https://service.humboldt-foundation.de/web/faq-psi.html). Sie wenden sich zwar in erster Linie an *Scholars at risk*, also an bereits etablierte Wissenschaftlerinnen und weniger an Menschen, die erst noch promovieren wollen, doch sind die auf den Seiten versammelten rechtlichen Informationen auf geflüchtete Promotionswillige natürlich übertragbar.

Nicht nur die deutsche Rechtsprechung und Bürokratie, auch die deutsche Sprache ist eine ziemliche Hürde für die meisten nichtdeutschen Promovierenden. Gewiss: Fast alle Universitäten haben »International Offices«, die sich den Belangen internationaler Studierender und Promovierender widmen; und sie bieten bilinguale, multilinguale oder rein englischsprachige Studiengänge an. Sie müssen keine deutschen Sprachkenntnisse haben, um in Deutschland zu promovieren – vorausgesetzt natürlich, Ihre Betreuerin ist damit einverstanden beziehungsweise der Promotionsausschuss der in Frage kommenden Fakultät hat eine andere Dissertationssprache genehmigt. An etlichen Forschungseinrichtungen ist Englisch ohnehin die dominante Wissenschaftssprache. Wenn Sie jedoch eine klassische Promotion in einem traditionellen Fach an einer deutschen Universität anstreben sollten, tun Sie gut daran, möglichst gut Deutsch zu lernen – denn man wird Ihre Leistungen mit denen von Muttersprachlerinnen vergleichen, ohne allzu viel Rücksicht darauf zu nehmen, dass Sie die zusätzlichen Hürden der Sprache meistern müssen. Auch Promovierende in englischsprachigen Studiengängen sollten nebenher Zeit in die deutsche Sprache investieren, vor allem dann, wenn Sie beabsichtigen sollten, auf dem deutschen Arbeitsmarkt eine Anstellung zu finden. Oder einfach nur um zu vermeiden, innerhalb Ihrer Sprachcommunity unter sich zu bleiben. Sie müssen dazu nicht ausschließlich auf Sprachkurse zurückgreifen, Sie können die Sprache auch informell üben, etwa durch die Beteiligung an Hochschulgruppen oder dem Uni-Sport oder einfach, indem Sie sich mit Deutschen anfreunden. Ich persönlich halte den informellen Weg des Spracherwerbs für den besseren. Zwei Monate in Simbabwe haben mehr für mein Englisch gebracht als 8 Jahre Englischunterricht in der Schule.

Die Probleme auf den Punkt gebracht:

- Eine problematische Betreuungssituation ist ein Problem der betreuenden Person.
- Akademische Hochstapler sind die Ausnahme, »Vielbeschäftigte«, »Gelehrte« und »Koryphäen« sind die Regel. Um »Wortmetzen« machen wir einen großen Bogen, »Pflaumen« kann man ausnutzen, »Försterinnen« sind leider selten.
- Zeitmanagement: SMART oder NULPE? Scheint beides keine Lösung zu sein. Denn:
- Zeitprobleme sind Motivationsprobleme.
- Prokrastination muss keine Krankheit sein. Sie kann auch mit Ihrer mangelnden wissenschaftlichen Souveränität zusammenhängen. Und generell ist gegen Staubsaugen und Netflixgucken nichts einzuwenden.
- Burnout: Sie haben zu viel gemacht und zu wenig geleistet. (Ob das objektiv so ist, oder nur in Ihren eigenen Augen so ist, ist völlig egal.) Machen Sie auf jeden Fall weniger, sonst kommt es zu einer Zwangspause.
- Steigern sie Ihr wissenschaftliches Beurteilungsvermögen: Lieben Sie Ihr Dissertationskind, auch wenn es missraten ist.
- Was Sie als promovierende Frau beachten sollten: Die Wahrscheinlichkeit, strukturelle Benachteiligung zu erfahren, ist hoch. Aber das sollte natürlich kein Grund sein, sich davon abhalten zu lassen!
- Was Sie als Arbeiterkind beachten sollten: Freude am Bildungsspiel zu bekommen, ist für Sie schwieriger als für jemand aus einem akademisch geprägten Elternhaus. Aber das sollte natürlich kein Grund sein, sich davon abhalten zu lassen!

- Was Sie als internationale Promovierende beachten sollten: Die Möglichkeit, rassistischen Einstellungen zu begegnen (das kann Ihnen aber überall passieren), bundesrepublikanische bürokratische Besonderheiten und die verflixte Komplexität der deutschen Sprache. Aber all das sollte natürlich kein Grund sein, sich davon abhalten zu lassen!

DIE GESCHICHTE DER PROMOTION

Man sollte schon wissen, was man da macht, während man an einer Dissertation arbeitet. Dazu gehört auch, dass man mit den akademischen Begriffen, die das Universitäts- und Doktorandinnenleben umgeben, etwas anzufangen weiß. Ich meine damit nicht nur die Fachterminologie des eigenen Studienfaches, die sollte man selbstverständlich parat haben, sondern ganz viele Begriffe, die den Weg aus der akademischen Welt heraus in den unakademischen Alltag gemacht haben, und über die man sich gerade auch als Akademikerin gar nie so richtig Rechenschaft abgelegt hat. Das fängt schon beim Wort »Akademie« selbst an. Was sind denn genau »Akademikerinnen«? Was bedeutet eigentlich »Universität«? Was genau ist eine »Doktorin«? (Jedenfalls nicht notwendigerweise Ärztin!) Seit wann gibt es den Titel »Doktor«? Was unterscheidet einen »Professor« vom »Doktor«, vom »Master« und vom »Bachelor« (außer, dass es sich um den jeweils höheren akademischen Abschluss handelt)? Warum muss man eine »Dissertation« anfertigen? Worin besteht eine »Disputatio«? Und was bedeutet »akademische Freiheit« und »Freiheit von Forschung und Lehre«?

DIE ORGANISATION DER GELEHRSAMKEIT

Die Geschichte der Universitäten beginnt im 12. Jahrhundert, und zwar unabhängig voneinander in Bologna und in Paris. Ein exaktes Gründungsdatum kann man für beide nicht angeben, denn natürlich hatten beide Institutionen ihre Vorgeschichten. Zwar kann man auf Jahreszahlen verweisen, etwa, dass im Jahr 1155 Kaiser Barbarossa den Bologneser Gelehrten »Wegesicherheit« beurkundete, oder dass im Jahr 1200 der französische König Philipp II. den in Paris studierenden Männern – es handelte sich ausschließlich um Männer – den Klerikerstatus zuerkannte. Das zeigt aber nur, dass in Paris und Bologna bereits gelehrt und studiert wurde, bevor dieses Studium zu einem Objekt rechtlichen Regelungsinteresses wurde. (Dass die öffentliche Selbstrepräsentation der Universität Bologna sich immer noch auf das angebliche Gründungsjahr 1088 bezieht, welches ihr eine von ihr selbst beauftragte Forschungskommission im 19. Jahrhundert zugesprochen hat, sei ihr unbenommen; es entspricht aber nicht dem Stand aktueller historischer Forschung.)

Die Domschulen

Die direkten Vorläufer der Universitäten waren die mittelalterlichen Domschulen (in Bologna war es eine Rechtsschule), die ihrerseits die Klosterschulen des 10. und 11. Jahrhunderts hinsichtlich ihrer Bedeutung für die Wissenstradierung abgelöst hatten. Paradoxerweise war es die Cluniazensische Reform gewesen, die zum Bedeutungsverlust der Klöster als Bildungsinstitutionen beigetragen hatte. Denn die mit ihr verbundene Rückwendung auf die benediktinischen Klosterregeln hatte zwar zu einer neuen klösterlichen Strenge, zur Vergeistigung des mönchischen Lebens und zur Blüte des Klosters Cluny geführt, wurde aber den politischen Anforderungen der Klerikerausbildung auch angesichts der wachsenden Bedeutung der mittelalterlichen Städte im 12. Jahrhundert immer weniger gerecht.

Die Ausbildung zum Bischof war das Hauptanliegen der Domschulen; daneben gab es eine wachsende Zahl junger Theologieschüler, die sich nicht nur für das Pfarramt interessierten, sondern sich für fürstliche Beratertätigkeiten oder für den Diplomatischen Dienst qualifizieren wollten. Entscheidend für die Entstehung der mittelalterlichen Universität (aus und neben den Domschulen) ist Folgendes: Im 12. Jahrhundert trat ein für das Mittelalter ungewohntes, neues Phänomen auf – die wachsende Mobilität junger, zumeist adeliger Männer.

Mittelalterliche Mobilgesellschaft und Scholastik

Gemeint ist damit nicht nur eine für das Mittelalter ungewöhnliche Reisebereitschaft, sondern auch die »intellektuelle Mobilität« des adeligen Nachwuchses. Bestes Beispiel für diese intellektuelle Mobilität ist die Geschichte von Pierre Abaillard 1079–1142), der ursprünglich an der Domschule von Paris (Notre-Dame) lehrte.

Abaillard gilt als der »Erfinder der Scholastik«. Damit ist aber nicht Lebensferne gemeint, wie man denken könnte, nicht die Erstarrung einstmals lebendiger Ideen, nicht endlose Diskussionen belangloser Details oder überhaupt das Aufwerfen von Fragen, deren Antwort niemanden interessieren (»Wie viele Engel passen auf eine Nadelspitze?«), sondern im Gegenteil: Ursprünglich war die Scholastik eine Methode zur logischen Überprüfung der überlieferten Lehrtraditionen – und damit auch deren Infragestellung. Das war neu. Da tauchte jemand auf, der nicht nur Bibelstellen oder autoritative Texte der Kirchenlehrer kommentieren wollte, sondern frech deren Rationalität infrage stellte. Wenn man vermutet, das Abaillard mit dieser Attitüde kein glatter Lebenslauf beschieden gewesen war, dann liegt man richtig.

Abaillards Widerspruchsgeist – und wohl auch seine »Siege« über seine Lehrer in öffentlich geführten Disputationen – brachten ihm den Verweis von der Domschule Notre-Dame ein. Er war den alten Herren unbequem geworden. Nach einer unglücklich verlaufenen Liebesgeschichte und diversen Klosteraufenthalten kehrte er nach Paris zurück und unterrichtete an der Kirche Saint-Hilaire. Dieses Comeback verschaffte ihm eine ungeheure Reputation – und der Domschule zu Paris eine mächtige Konkurrenz. Die zweite Hälfte des 12. Jahrhunderts sah dann ganz Paris als intellektuellen Unruheherd, in dessen Dunstkreis junge Scholaren – kann man sie schon Privatdozenten nennen? – den etablierten Theologen der Notre-Dame-Schule den Rang abzulaufen begannen. Das war so unerhört, dass Heinrich II. von England seinen Landsleuten verbot, in Paris zu studieren, was übrigens zur Gründung der Universität Oxford führte (wann genau, weiß man nicht).

Der Zuzug aufmüpfiger Jungmänner unterschiedlicher Nationalitäten stellte aber nicht nur für die Pariser Domschule ein Problem dar, sondern auch für die eingesessene Stadtbevölkerung, die in ihnen zunächst nicht nur willkommene neue Einkommensquellen sah, sondern schlicht und einfach Störenfriede der etablierten Ordnung. Die selbstbewussten jungen Adeligen aus dem In- und Ausland ließen sich nicht ohne Weiteres in das vorhandene Normensystem einfügen. Dem Status nach Schüler, also unselbstständig und abhängig, waren sie aber junge Erwachsene, die sich weder wie Kinder noch wie Dahergelaufene behandeln lassen wollten. Hinzu kam ein Aspekt, den wir heutzutage völlig zu übersehen geneigt sind: die im Mittelalter allgegenwärtige persönliche Bewaffnung, verbunden mit der Neigung, Interessenskonflikte mithilfe ebendieser zu lösen.

Typischer mittelalterlicher Student

Wenn es nicht gerade um Mord und Totschlag, sondern etwa um die Begleichung von Schulden ging, war es üblich, Schüler für die Vergehen von »Landsleuten« zur Rechenschaft zu ziehen. Es hatte dann etwa ein deutscher Theologiestudent die Mietschulden eines anderen Deutschen zu bezahlen, auch wenn er mit diesem gar nicht persönlich bekannt war. Derselben Nationalität anzugehören reichte schon, um jemanden in Sippenhaft nehmen zu können, wenn sich der eigentliche Schuldner aus dem Staub gemacht hatte. Verständlich, dass die Studenten und jungen Dozenten gegen diese Rechtsauffassung aufbegehrten. Sie verlangten nach einem besonderen Schutz ihrer Gemeinschaft. Sie beanspruchten für sich eine eigene Gerichtsbarkeit jenseits der Stadtgerichtsbarkeit. Und dies ist die eigentliche Geburtsstunde der Universität. (Tatsächlich findet sich in der Urkunde Barbarossas für Bologna auch ein Passus, der den Bologneser Gelehrten Nichthaftung für die Schulden von Landsleuten und die Möglichkeit, einen eigenen Richter zu bestimmen, garantiert.)

Aufmüpfige Jungmänner bilden eine Korporation

Das Wort »Universität« bezeichnet ursprünglich nämlich weder einen universalen Anspruch der Wissenschaft auf Welterklärungskompetenz noch ein besonders breites disziplinäres Angebot noch ein spezifisches Gebäude –, sondern eine rechtliche Institution: die *Universitas Magistrorum et Scholarium* als Rechtsperson, als Körperschaft beziehungsweise Verband der Lehrenden und Lernenden. »Universität« bezeichnet ursprünglich so etwas wie einen Verein (oder »mittelalterlicher« gesprochen: eine Gilde). Und die von dieser Universitas geforderte eigene Gerichtsbarkeit, die »*Libertas scholastica*«, ist nicht die »akademische Freiheit« im neuzeitlichen Sinne, die »Freiheit der Forschung und Lehre«, von der heute noch gelegentlich gesprochen wird, sondern der Umstand, dass die Universitas mit Rechtsprivilegien ausgestattet werden sollte. Was ja dann auch geschah.

Allerdings zeigte es sich auch schnell, dass Rechtssicherheiten nicht nur zum Schutz der Universitas gegenüber der Stadtbevölkerung kodifiziert werden mussten, sondern auch, um Zwistigkeiten innerhalb der Universitas selbst regeln zu können. So schlug die Geburtsstunde der Examen. Was vor allem heißt: der Examensregelungen – zum Zwecke der Herstellung klarer Hierarchien innerhalb der Universitätsgemeinschaft.

Dies war auch deswegen nötig, weil es die Organisation der Lehrinhalte mit sich brachte, dass ein und derselbe Universitätsangehörige meist zugleich Lehrer (Magister) und Schüler (Scholar) war. Um die Tatsache zu verstehen, dass die meisten Angehörigen der Universitas Magistrorum et Scholarium *Lehrer und Schüler zugleich* waren, muss man die Struktur der Fakultäten der mittelalterlichen Universitäten kennen, die sich sehr von den heutigen Fakultäten unterscheidet. Es gab also keine Trennung nach Fachbereichen, keine »Philosophische Fakultät«, keine »Mathematisch-Naturwissenschaftliche Fakultät«, keine »Sprach- und literaturwissenschaftliche Fakultät«, keine »Kultur-, Sozial- und Bildungswissenschaftliche Fakultät« usw. Die Fächerdifferenzierung ist heute so weit gediehen, dass es uns lächerlich vorkäme, wenn etwa ein Professor der Betriebswirtschaftslehre (an der »Wirtschaftswissenschaftlichen Fakultät«) gleichzeitig ein Bachelorstudium in Ökotrophologie (an der »Lebenswissenschaftlichen Fakultät«) absolvieren wollte. Damals aber war es üblich, an der einen Fakultät Magister zu sein und an der anderen Scholar.

Die mittelalterlichen Fakultäten

Im Mittelalter gab es nämlich nur vier Fakultäten: Die »niedere« Fakultät, an der man das Grundstudium absolvierte, und die drei »höheren« Fakultäten: die theologische, die juristische und (mit etwas Verspätung) die medizinische.

Die »niedere« Fakultät mussten alle durchlaufen. Für das Studium einer der »höheren« Fakultäten war die gelehrte Tradition des jeweiligen Universitätsortes ausschlaggebend. Wollte man Theologe werden, ging man nach Paris. Wollte man sich in den Fürstendienst begeben, als Diplomat oder Rechtsberater oder Politiker am Hofe, war Bologna die beste Adresse. Bologna konnte auf eine lange Rechtsschultradition zurückblicken, die mit dem »Decretum Gratianum« eine kommentierte Sammlung kirchenrechtlicher Schriften hervorgebracht hatte, die zum wesentlichen Bestandteil des »Corpus Juris Canonici« wurde – also dem verbindlichen Rechtstext der katholischen Kirche, der bis 1917 (!) Bestand hatte. Also: Wenn Theologie, dann Paris. Wenn Jura, dann Bologna.

Exkurs I: Medizin

Für angehende Mediziner sah die Wahl des Universitätsortes schwieriger aus. Es war noch längere Zeit unmöglich, an einer »Universität« Medizin zu studieren. Zum einen blieben die Traditionen der Weitergabe heilkundlichen Wissens länger den Klöstern vorbehalten, als es bei den anderen Disziplinen der Fall war. Zum anderen gab es eine kulturelle und sprachliche Hürde. Die schriftliche Tradierung des antiken medizinischen Wissens lag seit der islamischen Expansion des 7. Jahrhunderts, speziell seit der Eroberung Alexandrias, in arabischer Hand. Sie war erst einmal nicht in lateinischer Sprache zugänglich. Das erste große medizinische Handbuch der Weltgeschichte, das mehrere Traditionen medizinischen Wissens vereint, ist der *al-Qānūn fi 't-Tibb*, der »Kanon der Medizin«, verfasst von Abū Ali al-Husain ibn Abdullānh ibn Sinā (gestorben 1037). Es sollte über 140 Jahre dauern, bis der Name Ibn Sinas – latinisiert als Avicenna – in das Bewusstsein der Latein sprechenden Welt einträufelte und sein epochemachendes Buch ins Lateinische übersetzt wurde. Und etliche weitere Jahrzehnte dauerte es, bis es dann auch als Lehrbuch an einer christlichen Medizinschule (der *Schule von Salerno*, die ursprünglich auch eine Klosterschule war) verwendet wurde. Erst im 13. Jahrhundert wurde diese Schule von Salerno durch einen Enkel Kaiser Barbarossas offiziell anerkannt, erlangte jedoch nie den Status einer »Universität«. Medizin zu studieren war also für christliche Jünglinge, die nicht ins Kloster gehen oder nicht das Wagnis eingehen wollten, den »christlichen Kulturkreis« zu verlassen, viele Generationen lang nahezu unmöglich.

Theologie und Jura also. Aber erst mal etwas anderes. Die »niedere« Fakultät, durch die alle durchmussten, wurde als »Artistenfakultät« bezeichnet – nicht, weil dort Jonglieren und Feuerspucken unterrichtet worden wäre, sondern wegen der dort zu lernenden »freien Künste«, der »Artes liberales«. »Frei« wurden diese Künste wiederum deswegen genannt, weil sie den Bildungskanon darstellten, den es für einen »freien« Mann zu durchlaufen galt, für einen Mann, der nicht (als Sklave oder Leibeigener) »im Besitz« eines anderen war: Das war das Pflichtpensum für alle, die in irgendeiner Weise für gelehrt gehalten werden wollten oder einen Berufsweg einzuschlagen gedachten, für den es einer gelehrten Qualifikation bedurfte.

Vom Kreistanztraining zu den »freien Künsten«

Die von einem freien Mann zu beherrschenden »Künste« waren keine Erfindung des Mittelalters, auch keine der römischen Antike, sondern weisen auf die griechische Antike zurück, genauer: auf ein Schulungsprogramm, das die athenischen Jünglinge zu durchlaufen hatten, um in die Gemeinschaft der freien Polisbürger aufgenommen zu werden.

Dazu gehörten der Unterricht im Lesen, Schreiben und Rechnen, sodann das Gitarrespielen (Kithara), Ringen und Raufen und die Unterweisung in die Regeln der »Choreia«, eines Kreistanzes, bei dem »Dithyramben« angestimmt wurden, Anrufungen des Gottes Dionysos. Im Athen des 5. bis 4. vorchristlichen Jahrhunderts gab es jährliche Feiern zu Ehren dieses Gottes, die »Dionysien«, in denen die Stadtteilchöre regelrechte Sing- und Tanzwettbewerbe abhielten. Dieses Programm zur sozialen Integration der athenischen Bürgersöhne in die Stadtgemeinschaft wurde als »Erziehung für den Kreistanz« bezeichnet: als »Enkyklios paideia«.

Die ursprüngliche Tradition des athenischen Kreistanztrainings geriet in der römischen Antike in Vergessenheit, nicht aber die Funktion, die die Enkyklios paideia für die Elitenreproduktion des athenischen Bürgertums hatte. Ob Mädchen ebenfalls zum Kreistanz ausgebildet wurden, ist strittig; dass Metöken und Sklaven jedenfalls keine derartige Ausbildung bekamen, dürfte unzweifelhaft sein. Die Enkyklios paideia hatte also ebenso wie eine sozialintegrative auch eine ausgrenzende Funktion. Gerade dieser Umstand, dass bestimmte Kunstfertigkeiten als Merkmale sozialer Distinktion dienten, macht die athenische Enkyklios paideia verallgemeinerungsfähig und anschlussfähig für spätere Jahrhunderte.

Die Inhalte des Erziehungsprogramms für die Dionysien wandelten sich jedenfalls im Laufe der Jahrhunderte zum Allgemeingut der Gebildeten (vielleicht mit Ausnahme des Ringens und Raufens, die eher zum Gebiet der Soldaten- und Offiziersausbildung gehören und als solche im gymnasialen Sportunterricht heute noch fortleben). Quintilian (Marcus Fabius Quintilianus, ca. 35–96) konnte im 1. Jahrhundert die Enkyklios paideia bereits recht unkonkret mit den Worten umschreiben, damit sei der *»orbis ille doctrinarium*« gemeint: der allgemein bekannte Kreis der Lehrfächer, das »umfassende Wissen«, wie es bis heute im Wort »Enzyklopädie« mitschwingt. Spätestens im 4. oder 5. Jahrhundert (mit Martianus Capella und Boethius) wurde dieses »Allgemeinwissen« in der Latein sprechenden Welt allerdings wieder konkretisiert und hatte sich in die verschiedenen »Artes liberales« ausdifferenziert.

Septem Artes liberales

Es handelte sich um sieben Disziplinen, die wiederum in eine Dreiergruppe (das »Trivium«, von dem die Bezeichnung »trivial« stammt) und eine Vierergruppe (das »Quadrivium«) geteilt wurden.

Das Trivium bestand aus: Grammatik (Lateinunterricht), Rhetorik (Stillehre) und Dialektik (Logik, Argumentationskunst) – den sogenannten »sprachlichen« Fächern.

Das Quadrivium bestand aus: Arithmetik, Geometrie, Astronomie und Musik – den sogenannten »mathematischen« Fächern

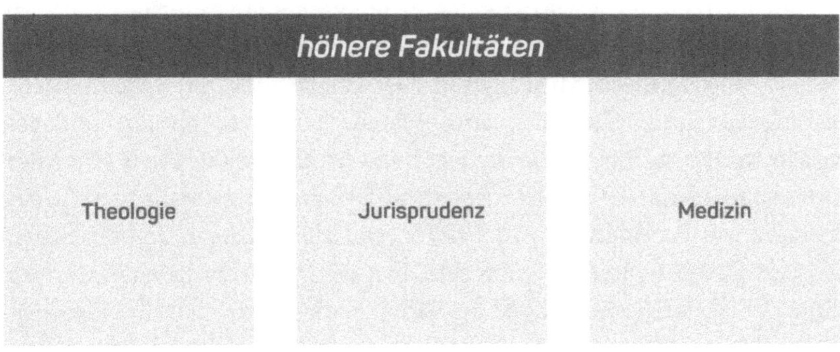

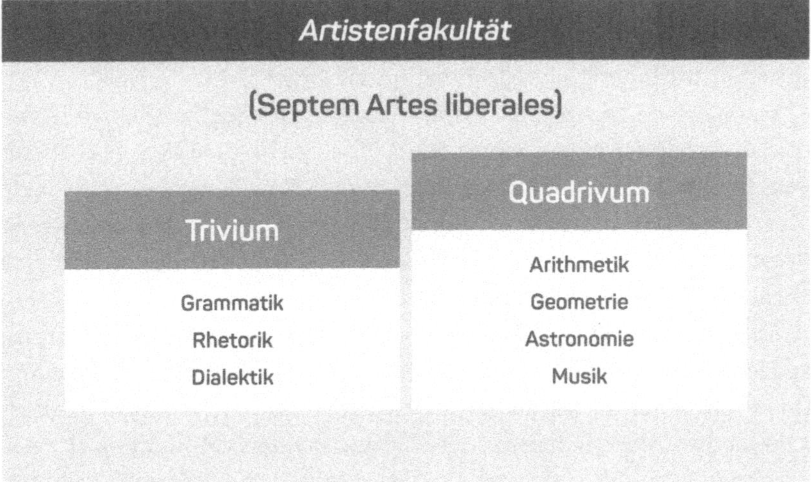

Struktur und Inhalte der mittelalterlichen Universität

Exkurs II: Standardliteratur

Zu diesen Fächern gab es buchstäblich *nur eine Handvoll* kanonischer Texte, die über Jahrhunderte hinweg die Grundlage für das Studium an einer Universität bildeten. Ich gehe in diesem Exkurs etwas ausführlicher darauf ein, weil man sich häufig falsche Vorstellungen von den mittelalterlichen Universitäten macht und ihrer angeblich reichhaltigen Ausstattung mit Skriptorien und Bibliotheken.

Das Standardwerk für den Lateinunterricht war eine Grammatik in Reimform, das »Doctrinale« des Alexander de Villa Dei (1199). Für den Logikteil des Triviums war Aristoteles die dominierende Autorität, und zwar zunächst ausschließlich in den Übersetzungen und Kommentaren von Boethius (480–526), die im Mittelalter in zwei Schüben bekannt wurden. Zuerst kannte man nur zwei Schriften des aristotelischen »Organon«, das heißt des Gesamtwerks zur Logik: die »Kategorienschrift« und das Buch »De Interpretatione«, zusätzlich noch Porphyrius' Einleitung, ebenfalls in der Übersetzung von Boethius. Im 12. Jahrhundert dann – also zur Zeit der ersten Universitätsgründungen – entdeckte man die Übersetzungen der übrigen Teile der aristotelischen Logik: die »Topik«, die Schrift über die »sophistischen Trugschlüsse« und die beiden »Analytiken«. Im gelehrten Sprachgebrauch wurden sie zusammenfassend als »Logica nova«, die »neue Logik« bezeichnet, und die bereits vorher bekannten aristotelischen Logiktexte reüssierten folgerichtig als »Logica vetus«, als »alte Logik«.

Wenngleich den Aristoteles-Übersetzungen von Boethius in den nächsten Jahrhunderten einige Bücher zur Logik folgten, so stellten sie doch nie den definitorischen und argumentatorischen Kernbestand des aristotelischen Organons infrage. (Das änderte sich erst in der Neuzeit mit Francis Bacon, der seinem wissenschaftstheoretischen Hauptwerk den programmatischen Titel »Novum Organum« (1620) gab.)

Auch für das Quadrivium war Aristoteles ausschlaggebend, insbesondere seine »Physik« – in der Übersetzung von Gerhard von Cremona (1114–1187) – und jenes andere Buch, das der Sage nach im Bibliotheksregal »hinter« (griechisch: *meta*) der Physik stand: Die »Metaphysik« (in der Übersetzung von Wilhelm von Moerbeke, 1215–1286). Und auch Boethius sollte die Studenten des Quadriviums nicht loslassen, in Form seiner Standardwerke »De institutione arithmetica« und »De institutione musica«.

Dass Boethius allergrößte Autorität genoss, zeigt sich darüber hinaus an Übersetzungen beziehungsweise Kommentaren zu Euklids »Elementen«, *dem* Geometrielehrbuch überhaupt, die häufig als authentische Schriften von Boethius kursierten, obwohl dessen echter Euklidkommentar verloren gegangen war. (Eine gesicherte Übersetzung der »Elemente« von Euklid, die im Mittelalter weite Verbreitung fand, stammte von Campanus von Novara, um 1260.)

Kurz: Die Grundlagenliteratur mittelalterlicher Universitäten bestand aus einer *Grammatik*, sieben Büchern zur *Logik*, einem *Physiklehrbuch*, einer »*Metaphysik*«, je einem Standardwerk zur *Arithmetik* und *Musik*, Euklids *Elementen* – und natürlich der Bibel, den Schriften der Kirchenväter und dem weiter oben bereits erwähnten *Corpus Juris Canonici*.

Exkurs III: Astronomie

Mit der Astronomie hatte es eine besondere Bewandtnis: Obwohl sie beständig nominell im Kanon des Quadriviums auftauchte, blieb die antike (ptolemäische) Tradition länger verschüttet als bei den anderen Disziplinen. Zwar hatte Karl der Große die Domschulen im 9. Jahrhundert dazu verpflichtet, Astronomie als gleichberechtigtes Fach im Quadrivium zu unterrichten, doch ging es dabei fast ausschließlich um die Berechnung des Ostertermins nach dem Vorbild des Beda Venerabilis aus dem Kloster Jarrow, der bereits im 8. Jahrhundert die Ostertermine bis zum Jahr 1063 mithilfe eines verbindlichen Berechnungsmodells datiert hatte. Der astronomische Teil dieser »Astronomie« beschränkte sich auf die Kenntnis des Sonnen- beziehungsweise Mondzyklus', und die eigentliche Arbeit bestand darin, diesen Zyklus mit den Kalenderdaten des julianischen Kalenders über das Jahr 1063 hinaus in Einklang zu bringen. Die Astronomie bestand also im Wesentlichen aus Kalenderberechnung, aus »*Computistik*«, wie sie dann auch von denen, die sie betrieben, genannt wurde. Die Einführung des gregorianischen Kalenders (1582) ist eine späte kirchenpolitische Antwort auf den Umstand, dass sich trotz der Computistik der Ostertermin beständig nach hinten verschoben hatte. Erst im 15. Jahrhundert etablierte sich eine astronomische Schule in Wien. Zwar hatte die Übersetzerschule von Toledo den »*Almagest*« des Ptolemäus bereits lange zuvor übersetzt, eine produktive Auseinandersetzung mit dem Wissenstransfer von der Antike in die Gegenwart wurde für das Fach Astronomie aber erst jetzt nachgeholt, nachdem die anderen Fächer dies bereits drei Jahrhunderte zuvor durchlaufen hatten.

Dass hier ein paar Absätze lang von der Standardliteratur des mittelalterlichen Grundstudiums die Rede war, sollte wie gesagt darauf aufmerksam machen, dass der Lehrbetrieb an den frühen Universitäten wie auch der Examensbetrieb rein mündliche Angelegenheiten waren. Und wenn »Forschung« stattfand, wenn also Texte nicht nur mündlich weitergegeben, sondern schriftlich fixiert wurden, handelte es sich in den allermeisten Fällen um Übersetzungen autoritativer Texte, gelegentlich um »Glossen«, also um kommentierende Spalten neben der eigentlichen Übersetzung, und nur ganz selten um »Kommentare« zu übersetzten Texten. Der Innovationsspielraum für einen mittelalterlichen Gelehrten, am »Fortschritt« der Wissenschaft zu arbeiten, war also *äußerst begrenzt.* (Die Sturm-und-Drang-Zeit der Scholastik war schnell zu Ende!)

Mündlichkeit

Die Konzentration auf die mündliche Weitergabe tradierten Wissens zuungunsten der Verschriftlichung »neuer Erkenntnisse« oder gar »revolutionärer Theorien« hat einen äußeren und einen inneren Grund.

Der äußere Grund: Die handschriftliche Reproduktion von Texten (von der Produktion ganz zu schweigen!) war immens zeitaufwendig und teuer und blieb lange Zeit den Klosterbibliotheken vorbehalten. Abgesehen von der bereits erwähnten Übersetzerschule von Toledo (ohne die die lateinisch sprechende Gelehrtenwelt keinen Bezug zu der teilweise wesentlich umfassender informierten arabischen Wissenstradition hatte herstellen können) und herausragenden Einzelpersonen, wie der ebenfalls bereits genannte Wilhelm von Moerbeke, gab es nur an einigen wenigen italienischen Universitäten so etwas wie eine organisierte handschriftliche Reproduktionstätigkeit. Und die wenigen Exemplare, die sich vielleicht im Privatbesitz eines Universitätslehrers befanden, wurden natürlich nicht ausgeliehen. Zu wertvoll. Erst die Verbreitung von Papiermühlen in Europa und dann der Buchdruck mittels gegossener Lettern machten es möglich, gelehrtes Wissen in nennenswertem Umfang in nichtmündlicher Form zu verbreiten.

Der innere Grund: Gelehrt zu sein bedeutete, die gelehrte Tradition zu kennen. Also autoritative Texte auszulegen, vor Fehlinterpretationen zu schützen und sie an die nächste Schülergeneration weiterzugeben. Der Nachweis von Fehlinterpretationen von Aussagen der Kirchenlehrer führte übrigens regelmäßig zum Vorwurf der Häresie, dem kirchenrechtliche Verfahren folgten, die aber meist nicht mit Exkommunikation oder gar dem Todesurteil des »Häretikers« endeten, sondern lediglich mit dem Verbot, seine »Irrlehre« weiter zu verbreiten. Man sieht, dass die an den Universitäten gelehrten Inhalte durchaus politische Implikationen hatten – in diesem Punkt unterscheidet sich der mittelalterliche Hochschulbetrieb also gar nicht von dem heutigen. Zu bedenken ist jedoch, dass die neuzeitliche Rede von wissenschaftlichen »Paradigmenwechseln« den mittelalterlichen Universitätsangehörigen selbst als Ketzerei erschienen wäre. Und insofern ist der Gedanke des »Fortschritts« der Wissenschaften dem Mittelalter völlig fremd. »Wir sind Zwerge auf den Schultern von Riesen«, wie Bernhard von Chartres im 12. Jahrhundert sagte. Mit den »Riesen« meinte er Platon und Aristoteles. Und wenn auch Zwerge vielleicht dadurch ein weiteres Blickfeld als die Riesen selbst haben mögen, so können sie es sich jedenfalls nicht leisten, von den Schultern der Riesen hinunterzuspringen.

DIE GRADE DER GELEHRSAMKEIT

Mit diesen Hinweisen zu dem relativ feststehenden wissenschaftlichen Denkbild des lateinischen Mittelalters und den Gründen für seine fast ausschließlich mündliche Überlieferungspraxis kommen wir (endlich!) zur historischen Erklärung der mittelalterlichen Examenstitel.

Baccalaureat

Absolventen des Triviums wurden als *Baccalaren* bezeichnet. Die Baccalaren hatten die Aufgabe, die an der Artistenfakultät lehrenden Dozenten bei ihren Lehraufgaben zu unterstützen (das heißt: sie ihnen für das Trivium ganz abzunehmen). Moderne Reflexe dieser frühen Einbindung in den »Lehrbetrieb« einer Universität sind die Tutoren und die studentischen Hilfskräfte. Anders als diese hatten die Baccalaren allerdings schon Vorlesungen abzuhalten, freilich ohne Befugnis, die kursorische Lektüre auch eigenständig kommentieren zu dürfen. Der Baccalarius war also kein »berufsqualifizierender Hochschulabschluss« wie der heutige Bachelor, sondern ein Beleg über das Vorhandensein der »trivialen« Grundkenntnisse wissenschaftlichen Arbeitens. Es wird geschätzt, dass nur 20 bis 30 Prozent aller Scholaren den Grad des *Baccalarius* erreicht haben.

Das Baccalaureat blieb als niedrigste wissenschaftlicher Qualifikation über 600 Jahre Bestandteil des universitären Examenswesens. Die Länder des Deutschen Bundes haben den Grad des Baccalarius erst um 1820 abgeschafft, da inzwischen das Gymnasium die Vermittlung wissenschaftlicher Grundtechniken (Lesen, Rechnen, Schreiben, Latein ... und Ringen & Raufen!) übernommen und das Abitur (als »Hochschulzugangsberechtigung«) die Funktion des Baccalaureats überflüssig gemacht hatte. (In Frankreich heißt die Hochschulzugangsberechtigung übrigens bis heute *Baccalauréat*, während der der europäische Hochschulabschluss *Bachelor* dort als *Licence* bezeichnet wird.)

Magister

Wer das Quadrivium (und damit das gesamte Lehrprogramm der Artistenfakultät) erfolgreich absolviert hatte, wurde zum *Magister Artium* ernannt. Als ein solcher »Meister der (freien) Künste« konnte man nun als *Magister non regens* mit dem Studium an der höheren Fakultät weiter machen, man hatte aber auch die Möglichkeit, als *Magister regens* weiter zu studieren und gleichzeitig an der Artistenfakultät zu lehren. Der Magister regens ist eigentlich die Hauptfigur der mittelalterlichen Universitas, da sich in ihm die eigentümliche Lehr- und Schülerschaft in Personalunion wiederfindet, die die mittelalterliche Universität auszeichnet und von den heutigen Universitäten so deutlich unterscheidet. Er hatte Vorlesungen abzuhalten und durfte die Texte (anders als der Baccalarius) auch selbstständig kommentieren; darüber hinaus stand er den *Disputationen* vor, die immer mündlich und nach dem scholastischen Prinzip des *sic et non* (ja oder nein) und einer Schlussfolgerung (*Determinatio*) strukturiert waren: Ist die erste Prämisse eines Arguments zu bejahen? Die zweite auch? Dann ist die Schlussfolgerung legitim und wird zur Prämisse des nächsten Argumentschritts ...

Auch der mittelalterliche Magister (ob nun »regens« oder »non regens«) hat seine Funktion eigentlich nur innerhalb der universitären Gemeinschaft und eben keine »berufsqualifizierende« Nebenbedeutung wie der heute »MA« oder »Master«. Der Grad zeigt lediglich die Berechtigung seines Trägers an, jetzt an einer der höheren Fakultäten zu studieren (und gegebenenfalls an der Artistenfakultät selbstständig zu unterrichten). Man schätzt, dass nur 10 bis 20 Prozent der Baccalaren den Magistergrad erreicht haben. Die Unterrichtsberechtigung des Magisters war übrigens meistens eine Unterrichtsverpflichtung, ohne die es kein Weiterkommen innerhalb der Universität gab, und die aus Gründen der Mitteleinsparung nicht vergütet wurde. In dieser Hinsicht gleicht der mittelalterliche Magister dem heutigen Privatdozenten, der seinen unbezahlten Lehraufträgen nachkommen muss, um die *Venia legendi* – die Erlaubnis, Vorlesungen zu halten – nicht zu verlieren.

Lassen Sie sich also von der Ähnlichkeit der Bezeichnungen nicht täuschen: Der mittelalterliche Baccalarius ist nicht mit dem heutigen »BA« zu vergleichen, sondern eher mit einer studentischen Hilfskraft. Und der mittelalterliche Magister nicht mit dem heutigen »MA«, sondern mit dem heutigen habilitierten Privatdozenten. Noch größer sind die Bedeutungsunterschiede beim mittelalterlichen und dem heutigen Doktor.

Doktor

Zum Doktor promoviert (= befördert) wurden die erfolgreichen Absolventen der höheren Fakultät. Das war der höchste universitäre Grad und der eigentliche Abschluss der Hochschullaufbahn. Das Recht, jemanden zu promovieren, lag bei den Universitäten und den höheren Fakultäten selbst, und es bedurfte natürlich wiederum eines speziellen Rechtsprivilegs, in dem die entsprechenden Promotionsordnungen von höchster Stelle legitimiert wurden. Aus diesem Grunde ist die heutige Redeweise, jemand habe »sich« promoviert, oder jemand promoviere gerade »an« der Universität X oder »im« Fach Y, nicht nur historisch verkehrt, sondern auch an der heute noch geltenden Rechtssituation vorbeiformuliert. Man *promoviert* nicht, sondern man *wird* promoviert!

Damit man von einer Fakultät promoviert werden kann, und damit die entsprechende Urkunde »etwas gilt«, bedarf es natürlich einer Promotionsordnung, die ihrerseits »etwas gilt«. Deswegen zeigte sich ein weiterer rechtlicher Bedarf im jungen mittelalterlichen Universitätswesen, nachdem zuerst die Privilegien einer eigenständigen Gemeinschaft (Verein, Gilde) von höchster Stelle (dem Papst, dem Kaiser, dem Landesfürsten) zugestanden waren: Es bedurfte der autoritativen Bestätigung der Promotionsordnung. Im Falle der Universität Bologna wurde die Promotionsordnung von Papst Honorius III. (1160–1227) bestätigt. Ich erwähne das deswegen, weil die älteste nachgewiesene Verleihung eines Doktortitels von dort stammt. Sie datiert auf das Jahr 1219.

Viel wichtiger jedoch als dieses Datum war das von Gregor IX. 1233 für die Universität Toulouse formulierte Recht ihrer Lehrer, auch anderswo ohne weitere Prüfungen lehren zu dürfen – das *Ius ubique docendi.* Dieses Recht, »überall« an Universitäten zu unterrichten (und nicht bloß an der Heimatuniversität), verfestigt nicht nur die soziale Anerkennung des Doktortitels als Zeichen für die Absolvierung eines *Studium generale* (mit entsprechend genereller Lehrbefugnis), sondern macht die Universitäten als solche erst wirklich zu autonomen Institutionen. Ein Doktor »galt« seitdem etwas – auch außerhalb des Kreises seines eigenen »Vereins«. Übrigens war jetzt auch eindeutiger zwischen dem Doktortitel als Universitätsgrad und dem *Doctor* als Berufsbezeichnung zu unterscheiden, mit der noch bis zum Ende des 12. Jahrhunderts ganz allgemein Menschen bezeichnet wurden, die irgendeiner Sache kundig waren und diese Kunstfertigkeit vermitteln konnten.

Die Disputatio als Gelage

Die Wertsteigerung des Toulouser Doktortitels führte in den auf die Päpstliche Bulle von 1233 folgenden Jahrzehnten nicht nur dazu, dass die anderen Universitäten vergleichbare Garantien für die Ubiquität der von ihnen verliehenen Graduierungen forderten (und irgendwann auch bekamen), sondern auch zu steigenden Kosten des entsprechenden Examens, die von dem Kandidaten allein zu tragen waren. Die *Disputatio* wurde nach scholastischer Methode abgehalten, es handelte sich also um eine Erörterung des »sic et non« über Aspekte eines freien Themas, das von einem eigens gewählten *Quodlibetarius* gewählt wurde, der auch die Hauptfrage formulierte, die *Quaestio principalis.* Da es sich bei der Disputatio um ein universitätsweites Ereignis handelte, fand sie an der Artistenfakultät statt, da ja nur dieser Fakultät alle Universitätsmitglieder angehörten. Die Magister stellten besondere *Quaestiones,* und es gab noch einen dritten Abschnitt, bei dem auch einfache Scholaren Fragen stellen durften. Das Ganze zog sich über mehrere Tage hin und verlangte – neben anscheinend recht hohen Gebühren – Ausgaben für Geschenke an Fakultätsmitglieder, Ehrengaben für die angesehensten *Doctores* der eigenen Universität oder Gäste aus anderen Universitäten und nicht zuletzt die Veranstaltung des sogenannten Doktorschmauses (*Prandium Aristotelis*). Die Doktordisputation wurde also ein universitätsweites Fress- und Sauf-Fest auf Kosten des Kandidaten.

Dies war nun den meisten Magistern – von denen es ja ohnehin nicht viele gab – schlicht zu teuer. Sie begnügten sich mit dem Grad des »Lizentiaten«, womit zwar auch eine Lehrbefugnis gemeint ist, aber keine universelle. Tatsächlich gab es unterschiedliche Versionen des Lizentiats: Je nach Universität konnte damit auch schon ein Baccalaureus gemeint sein, der ja schon eine Art Lehrbefugnis fürs Trivium hatte; oft war es aber auch der höchste Grad an juristischen Fakultäten, die sich terminologisch von theologischen Fakultäten abgrenzen wollten, die den Doktortitel präferierten.

HEROES AND VILLAINS – AUFSTIEG UND FALL DES DOKTORTITELS

Die Seltenheit des mittelalterlichen Doktortitels kann man auch dem Umstand entnehmen, dass die bekannteren Gelehrten, die es zur Doktorwürde gebracht hatten, einen eigenen Zusatz zu ihrem Doktortitel trugen. Natürlich nicht »Dr. theol.« oder »Dr iur.« oder »Dr. med.«, denn von welcher dieser drei Fakultäten der Titelinhaber promoviert worden war, wusste ja ohnehin jeder; sondern schön poetische Zusätze: »Doctor angelicus« (Thomas von Aquin), »Doctor mirabilis« (Roger Bacon) oder »Doctor singularis« (William von Ockham). Diese Titel benannten Alleinstellungsmerkmale, wie wir sie heute nur noch Gestalten des Marvell-Universums zusprechen: *Iron Man*, *Captain America* und *Hulk*.

Die Doktorpromotion des Mittelalters galt jedenfalls etwas. Sie galt mehr als die heute mit der Habilitation verliehene Venia legendi, die in vielen Fällen nur das Ticket in ein prekäres Privatdozententum darstellt (ich erinnere an den bedauernswerten Magister regens). Der mittelalterliche Doktor galt sogar noch mehr als der heutige einfache »Professor« (vom »Juniorprofessor« ganz zu schweigen). Er ist vielleicht nur mit dem heutigen »Lehrstuhlinhaber« vergleichbar, dem verbeamteten Professor auf der höchsten Besoldungsstufe.

Offenbar gab es im Übergang zur Neuzeit und noch weiter in der Moderne einen schleichenden Wertverfall des Doktortitels. Den »Doctor angelicus« kennt man nicht mehr. »Dr. No«, »Dr. Strange«, »Dr. Who« – das sind die Doctores, die einem heute einfallen. Zwielichtige Gestalten der Popkultur, Nerds, Irre und Verbrecher; vielleicht noch »Dr. House«, aber auch der ist unsympathisch. Woran liegt das, dass der Doktortitel von einer Ehrenbezeichnung zu einem popkulturellen Marker für sozial auffälliges Nerdtum (und Schlimmeres) geworden ist? Es geht um die Frage nach dem Wandel des gesellschaftlichen Ansehens akademischer Abschlüsse.

Vom Gründungsboom zum Universitätssterben und preußischen Reformen

Eine erste Antwort liegt auf der Hand: Wenn es sehr viele Inhaber von bestimmten Privilegien gibt, verlieren die Bezeichnungen für die Inhaberschaft langsam ihren distinguierenden Sinn. Einem Doktor über den Weg zu laufen, war im 15. Jahrhundert schon viel wahrscheinlicher als im 13. Jahrhundert. Paradoxerweise sorgte also gerade der Aufstieg und die Verbreitung des »Erfolgsmodells« Universität selbst für eine erste Relativierung der Würde und Distinktionsfähigkeit des Doktortitels. Das 13. Jahrhundert erlebte eine wahre Gründungswelle von Universitäten nach dem Vorbild der Pariser und Bologneser Korporationen, vor allem in Norditalien und Südfrankreich. Und auch im »Heiligen Römischen Reich teutscher Nation« kam es – strukturell entwicklungsverzögert – zur Gründung von Universitäten: Im Jahr 1348 wurde in Prag die erste Universität auf deutschsprachigem Boden gegründet, 150 Jahre nach Paris und 200 Jahre nach Bologna. Es folgten dann in rascher Folge die Gründungen der Universitäten von Wien (1365), Erfurt (1379), Heidelberg (1386), Köln (1392), Würzburg (1402), Leipzig (1409) und Rostock (1419).

Eine zweite Antwort auf die Frage nach dem Bedeutungswandel speziell des Doktortitels liegt im Strukturwandel der Wissenschaften, der sich vom Mittelalter in die Neuzeit hinein vollzogen hat. Sowohl technisch-mediale Veränderungen spielten da eine Rolle, als auch die Entstehung neuer Gelehrtentypen, die mit der Verlagerung des Wissensinteresses selbst einherging.

Gutenberg approaching

Auf der medialen Seite sind natürlich die Verbreitung von Papiermühlen zu nennen und die Erfindung des Buchdrucks mit beweglichen Bleilettern. Die Herstellung eines Textes in Form eines gedruckten Buches wurde im Vergleich zu den Handschriften auf Pergament enorm preiswert. Wissen in Schriftform erfuhr dadurch erstmals eine massenhafte Verbreitung, die Alphabetisierungsrate stieg, die mittelalterliche Gesellschaftskategorie des exklusiv lesekundigen »Lehrstands« verlor allmählich ihre Bedeutung, ebenso wie die Mündlichkeit als nahezu ausschließliche Form der Wissensvermittlung an Universitäten. In der Folge wurde die Dissertation als schriftlicher Qualifikationsbestandteil der Doktorprüfung immer wichtiger, die ja bis dahin im Wesentlichen nur aus der mündlichen *Disputatio* bestanden hatte. (Zu den Dissertationen kommen wir noch.)

Accademia Platonica

Was den Wandel des wissenschaftlichen Selbstverständnisses angeht, ist der italienische Renaissance-Humanismus von entscheidender Bedeutung. In Florenz entstand ein von den Medici gesponsorter Gelehrtenzirkel um Marsilio Ficino (1433–1499), der sich der Wiederbelebung antiker neuplatonischer Autoren widmete. Diese Schule außeruniversitärer Privatgelehrter wurde später als »Akademie« bezeichnet, in Anspielung auf den Namen des Grundstücks, auf welchem Platon seine eigene Schule betrieben hatte, und auf dem sich das Grab eines gewissen Akademos befunden haben soll.

Der Akademiker wird zum Antagonisten des Scholars

Wenn sich also jeder heutige Universitätsangehörige unterschiedslos als »Akademiker« bezeichnet, entbehrt das nicht einer historischen Ironie: Die humanistischen Akademiker waren eine Bewegung, die sich ausdrücklich gegen die Tradition der Universitäten wandte, in denen immer noch nach der scholastischen Methode gelehrt wurde. Die Scholastik war schon lange verknöchert und hatte nichts mehr vom Elan des jungen Abaillard. Und das an den Universitäten verwendete spätmittelalterliche Latein empfanden die Humanisten als barbarisch, und gemäß ihrer Vorstellung, dass zwischen der sprachlichen Qualität und der Qualität des sprachlich vermittelten Gedankens ein Zusammenhang bestehe, lehnten sie konsequenterweise auch die Lehrinhalte der traditionellen Universität ab, insbesondere die der Artistenfakultät. Das neue akademische Gelehrtenideal war der *Poeta doctus*, der die antiken Klassiker im Original kennt und mit naturwissenschaftlichen und praktischen Kenntnissen zu verbinden weiß – nicht der Scholastikus, der die 24 Modi der aristotelischen Syllogismen auswendig aufsagen kann. Hier liegen denn auch die Anfänge einer Reform der Artistenfakultät, die sich mehr und mehr den *Studia humanitatis* zuwenden und im Laufe der Zeit zur *Philosophischen Fakultät* werden sollte.

Die reformierte Hochschule wird zum Antagonisten der katholischen Universität

Von den kirchenpolitischen Abhängigkeiten der Universitäten war weiter oben bereits die Rede. Im 16. Jahrhundert kam es im Zuge der Reformation und der konfessionspolitischen Lagerbildung der Territorialfürsten zur Neugründung reformatorischer Universitäten: Wittenberg (1502), noch vor der Reformation und zugleich als Heimatuniversität Luthers deren Keimzelle; dann Marburg (1527), Königsberg (1544) und Jena (1558). Die Finanzierung erfolgte meist durch Säkularisation der Kirchengüter. Um dem Problem der Anerkennung der von ihnen verliehenen Examensurkunden zu begegnen, für die es ja kein Papstprivileg gab, firmierten Marburg und Jena zunächst als protestantische »Hohe Schulen«; und Königsberg war die erste Universität, die sich als solche bezeichnete, ohne ein päpstliches oder kaiserliches Privileg zu haben.

Der Professor wird zum Antagonisten des Doktors

Die sich an den neuen Universitäten oder Hochschulen herausbildende Professorenklasse stellte sozialgeschichtlich ein neues Phänomen dar. An der Universität Gießen (1607) durften die besoldeten Lehrer erstmals dem Laienstand angehören. Da ihre Finanzierung sich nicht mehr aus Kirchenpfründen zusammensetzte, handelte es sich bei ihnen um besoldete Beamte. Dafür verbreitete sich die Bezeichnung »Professor«. Bis heute ist mit dem Wort »Professor« kein akademischer Grad gemeint, sondern eben nur eine Berufsbezeichnung. Diese Professoren, verbeamtete Doktoren also, waren in der mittelalterlichen Universität, die ja noch keine Staatsbeamten kannte, unbekannt. Durch den Wegfall des Zölibats waren erstmals in der europäischen Geschichte Universitätsangehörige in der Lage, sich zu reproduzieren. Die Professoren entstanden also etwa gleichzeitig mit Professorengattinnen, Professorensöhnen (die selbst Professoren wurden) und Professorentöchtern (die in der Regel wiederum mit Professoren verheiratet wurden). Zu Beginn des 17. Jahrhundert haben wir es also mit nichts weniger zu tun als mit der Entstehung der akademisch-bürgerlichen Schicht als eine sich selbst reproduzierende Klasse.

Die Forschung wird zum Antagonisten der Lehre

Das 17. Jahrhundert löste sich auch insofern von der mittelalterlichen Universität, als es zur Gründung von außeruniversitären wissenschaftlichen Institutionen nach dem Vorbild der Akademie von Florenz kam: Es entstanden die *Académie française* (1635), die *Royal Society* (1660) und (wie immer mit Verspätung) die *Preußische Akademie der Wissenschaften* (1700). Deren besonderes Merkmal bestand darin, dass die Gelehrten unter sich blieben und sich ausschließlich der Forschung widmen konnten, ohne den lästigen Lehrverpflichtungen der Universität nachkommen zu müssen. Viele der bekanntesten Gelehrten des 17. Jahrhunderts – wie zum Beispiel Galilei, Hobbes, Descartes, Spinoza und Leibniz – waren nie an Universitäten tätig; ein Novum in der Geschichte.

Ritterakademien und Reformuniversitäten

Das Berufsziel junger Adliger war schon lange nicht mehr das des Klerikers. Den gebildeten »Kavalier« zog es immer seltener an eine Universität, um Gelehrter zu werden, sondern viel häufiger auf die neu entstehenden »Ritterakademien«, um eine Karriere in der Verwaltung, am Hof oder in der Armee zu machen. Aus einer solchen Ritterakademie entstand auf Geheiß des brandenburgischen Kurfürsten (dem späteren Preußenkönig Friedrich I.) die Universität Halle (1694), die erste der sogenannten »Reformuniversitäten«. Dort lehrten Christian Thomasius (1655–1728), der als erster Professor überhaupt eine Vorlesung in deutscher Sprache ankündigte, und Christian Wolff (1679–1754), der seine Vorlesungen bereits überwiegend auf Deutsch hielt. Insofern markiert Halle den Beginn der Relativierung des Lateinischen als ausschließlicher Wissenschaftssprache und damit einen weiteren Aspekt im schrittweisen Verfall des mittelalterlichen Universitätssystems.

Die zweite Reformuniversität, Göttingen (1737 gegründet von Georg II., König von Großbritannien und Irland und hannoverscher Kurfürst), hat vor allem durch die Berufung Christian Gottlob Heynes (1729–1812) zwei Neuerungen in die Universitätsgeschichte eingebracht, die den Lehr- und Wissenschaftsbetrieb von der mittelalterlichen Universität abheben und bis heute prägen: Die Einführung des »*Seminars*« als neue Unterrichtsform neben der bis dahin ausschließlich praktizierten »*Vorlesung*« – und den systematischen Ausbau der Institution *Universitätsbibliothek* mitsamt *Fernleihe*. Natürlich hatte auch das Modell der »Artistenfakultät« ausgedient. Stattdessen sprach man immer häufiger von der »Philosophischen Fakultät«, die nicht mehr den sogenannten »höheren« Fakultäten als eine Art Vorschule dienen sollte, sondern diesen gleichberechtigt an die Seite gestellt wurde, wenn man sie in der Wertschätzung nicht sogar bevorzugte, wie es die programmatischen Äußerungen vieler Gelehrter der Aufklärung vermuten lassen.

Das Universitätssterben

Diese den Weg in die Moderne weisenden Universitätsneuerungen sollten jedoch nicht darüber hinwegtäuschen, dass die Universitätslandschaft im Deutschen Reich zwischen Reformation und Aufklärung insgesamt ausgedünnt wurde. Die Immatrikulationszahlen waren nach dem Dreißigjährigen Krieg auf den Stand von vor der Reformation geschrumpft und erreichten erst zur Mitte des 18. Jahrhunderts wieder den Stand von 1618, um bis 1800 erneut zu schrumpfen. (Zu Beginn der Reformation 1517 waren circa 2.200 Studenten an den deutschen Universitäten eingeschrieben, Ende des 18. Jahrhunderts, also fast 400 Jahre später, waren es weniger als 3.000). Misswirtschaft und Unterfinanzierung machten den meisten Universitäten zu schaffen und brachten den Wissenschaftsbetrieb teilweise zum Erliegen. Intellektuelles Mittelmaß war die Regel; und der Brauch, Professorenstellen nicht mehr nach wissenschaftlichen Leistungen zu vergeben, sondern vom Vater auf den Sohn zu vererben, wurde vielerorts übliche Praxis. (Man nahm das mit der Selbstreproduktion also durchaus wörtlich.) Häufig wird vom »großen Universitätssterben« um 1800 gesprochen, als infolge der Säkularisierung und Mediatisierung der Kirchengüter im Zuge der Französischen Revolution und der napoleonischen Kriege vielen Universitäten endgültig der Geldhahn zugedreht wurde. Dabei war das in den meisten Fällen nur der Schlusspunkt eines jahrzehntelangen ökonomischen und intellektuellen Siechtums.

Preußische Modernisierungskonzepte …

Die Institution der mittelalterlichen Universität war dringend reformbedürftig. Preußische Ministerialbeamte und zeitgenössische Pädagogen waren sich darin einig, dass sich Bildung nicht mehr auf das *Seelenheil der Gläubigen*, sondern auf den *Nutzen für den Staat* und die Gesellschaft ausrichten sollte. Fachhochschulen – nach dem Vorbild der 1794 gegründeten *École polytechnique* in Paris – sollten die Universitäten ersetzen, beziehungsweise die Universitäten sollten Fachhochschulfunktionen ausüben. Man wollte sowohl eine Steigerung der Quantität von Wissenschaft, als auch deren qualitative Verbesserung. Das bedeutete für die Reformer die programmatische Abkehr vom enzyklopädischen Wissensmodell (und seiner didaktischen Entsprechung: dem Auswendiglernen) und eine Hinwendung zur Vermittlung von Methoden, für die sich die Formen des »Seminars« oder auch des »Laboratorium« (Justus Liebigs chemisches Laboratorium in Gießen (1828) ist da ein frühes Beispiel) besonders gut eigneten. Die Lehre sollte unmittelbar an aktuelle Forschung gekoppelt werden. Der philosophischen Fakultät kam bei diesen Reformplänen die wichtigste Rolle zu, da in ihr auch sämtliche naturwissenschaftlichen Fächer beheimatet waren (dort blieben sie übrigens bis weit ins 20. Jahrhundert hinein.)

… und ihre Realisierung

Die Berliner Universität (1807) wurde dann jedoch weniger eine neuartige Fachhochschule, sondern vielmehr eine (dem preußischen Zentralismusdenken geschuldete) Super-Uni. Wilhelm von Humboldts Amtsvorgänger hatte bereits die damaligen Top-Leute des Wissenschaftsbetriebs nach Berlin verpflichtet (Schleiermacher, Fichte, Friedrich Albert Wolf, Hufeland u. a.), und Humboldts programmatische Ausführungen zum neuen Wissenschafts- und Bildungsideal – in denen das ursprünglich konzipierte Fachholschulstudium eher als »Brotstudium« im pejorativen (Schillerschen) Sinne abqualifiziert wird – werden bis heute gebetsmühlenartig wiederholt, und zwar eigenartigerweise sowohl von Befürwortern als auch von Kritikern des Bologna-Prozesses.

Bildung solle, so Humboldt, eben nicht unmittelbar »auf Zwecke zielen«, sondern als Formung eines selbstständig handelnden Menschen (durch den Umgang mit Wissenschaft) begriffen werden. Dass dieses Humboldtsche Bildungsideal in der heutigen Bologna-Uni auf den Hund gekommen sei, ist ja das Klagelied vieler Bologna-Prozess-Kritiker. Was sie dabei übersehen: Dass die meisten Studierenden (heutzutage wie vermutlich immer schon) real darauf angewiesen sind, ihr Studium als »Brotstudium« zu betreiben, da die Aussicht, in der Wissenschaft »Karriere zu machen«, heute (wie immer schon) schlicht unrealistisch ist.

Da Wissenschaft für Humboldt prinzipiell ein unabgeschlossener Prozess ist und nicht aus ein-für-alle-mal fertigen Kenntnissen besteht, könne die Hochschullehre gar nicht ohne Forschung auskommen. Daher die vielbeschworene »Einheit von Lehre und Forschung«. Man muss hier betonen, dass Humboldt wirklich ausdrücklich nur die Hochschullehre meint und nicht etwa das Lehrpensum an Gymnasien. Denn dieses besteht für ihn tatsächlich aus »fertigen und abgemachten« Kenntnissen. Die Rede von der Wissenschaft als »unabgeschlossenem Prozess« wird heute gerne von Bologna-Befürwortern mit dem Buzz-Word »lebenslanges Lernen« adaptiert. Dabei dürfte Humboldt selbst eher so etwas wie »lebenslanges Forschen« vorgeschwebt haben. Was er vermutlich keinesfalls wollte, war ein verschulter Universitätsbetrieb, wie er nach der Einführung des *European Credit Transfer System* (ECTS) gang und gäbe geworden ist. Und was die Angewiesenheit der (Hochschul-)Lehre auf Forschung betrifft: So klingt das erst mal ganz schön, doch hindert es leider nicht, dass umgekehrt Forschung ganz gut auch ohne Lehre auskommen kann. Was ja nicht erst durch den professoralen Anspruch auf »Forschungssemester« und die Existenz von reinen Forschungsinstituten bewiesen werden muss.

Was Humboldt »wollte«, ist aber letztlich sowieso nicht wichtig (außer für Sonntagsredner). Denn die Entwicklung der Universitäten in Preußen und in den übrigen deutschen Ländern verlief ohnehin ganz anders, als von den Reformern erwartet.

Als Erstes kam es zu einer institutionellen Festschreibung des Umstands, dass mit dem Erhalt des Doktortitels schon lange keine universelle Lehrgarantie (und damit keine finanzielle Absicherung für den Titelträger) mehr verbunden war – es kam zur Einführung der »Habilitation«. Und dann kam es im Laufe des 19. Jahrhunderts zu einem Verfall der Examenskultur insgesamt.

Die Entstehung der Habilitation, der Verfall der Examenskultur und die mühsame Öffnung der Universitäten

Das seit 1233 bestehende *Ius ubique docendi*, also das Recht eines Doktors, überall an einer Universität lehren zu dürfen, ohne zuvor weitere Prüfungen absolviert zu haben, war irgendwann in den Tiefen der Geschichte eingeschränkt und ausgehöhlt worden. In Preußen wurde es 1816 mit der Einführung der Habilitation endgültig abgeschafft. Dabei hatte man es doch nur gut gemeint: Schon lange war es gängige Praxis gewesen, dass jemand, der eine dotierte Stelle an einer Universität bekommen wollte, ein spezielles Bewerbungsverfahren einzuleiten hatte, das seinen Abschluss zumeist mit einem öffentlichen Vortrag des Stellenbewerbers zu einem von ihm frei gewählten Thema fand. Diese informellen Verfahren sollten vereinheitlicht und in der Berliner Universitätsordnung mit dem Begriff der »Habilitation« nur institutionalisiert werden. Allerdings war plötzlich von einem zweijährigen Abstand zwischen Promotion und Habilitation die Rede, und später dann sogar von einer »Habilitationsschrift«, einem »zweiten Buch« nach der Dissertation. So wurde der Typus des »Privatdozenten« geschaffen – und damit der nicht bezahlte Akademiker institutionalisiert (wohl denen, die sich das »privat« leisten können!). Was der ursprünglichen geäußerten Absicht, der finanziellen Not von Doktoren durch ein einheitliches, staatlich kontrolliertes Verfahren zur schnellen Festanstellung an einer Universität abzuhelfen, natürlich diametral entgegengesetzt war. Humboldt redete von »akademischer Freiheit«, während Preußen die Klasse des akademischen Prekariats zementierte ... Gut gedacht ist eben noch nicht gut gemacht!

Dass die Forderungen nach immer längeren, weiteren und wissenschaftlich höherstehenden Leistungen nach der Dissertation nicht verstummten, war aber nicht nur den inneren Widersprüchen der preußischen Schulpolitik geschuldet, sondern hatte vor allem etwas mit dem *Verfall des akademischen Examenswesens im 19. Jahrhundert* zu tun.

Aufstieg und Fall der Dissertation

Ursprünglich waren die Dissertationen nicht mehr als gedruckte Programmzettel für die in der Disputatio (der in der öffentlichen mündlichen Doktorprüfung) abzuhandelnden Thesen. Da nicht der Examenskandidat, sondern beliebige Magister der Universität die Thesen aussuchten und formulierten, blieb es auch später üblich, dass die Dissertation, als sie an Umfang zunahm und die Eigenschaft einer Zusammenfassung des Prüfungsablaufs anzunehmen begann, nicht vom Doktoranden, sondern vom Prüfer verfasst wurde. Die Dissertation lag demnach lange Zeit ausschließlich in der Verantwortung des Professors und nicht des Doktoranden. Und sie musste von Letzterem nach festgelegten Satzungen bezahlt werden, denn der Professor verfasste die Dissertation nicht der lieben Wissenschaft wegen, sondern ... naja, Sie ahnen, weswegen.

Der Professor konnte mit dem Verfertigen von Dissertationen also gutes Geld verdienen, weshalb die Produktion von Dissertationen ungekannte Ausmaße annahm: Es wurden viel mehr Dissertationen geschrieben, als Doktoren promoviert wurden. Das lag daran, dass inzwischen auch andere Prüfungsleistungen, die nicht mit dem Doktorgrad endeten, in Form von Dissertationen bescheinigt wurden. Heute gibt es *Credit Points*, in der frühen Neuzeit gab es als Bescheinigung für eine Studienleistung eben eine Dissertation.

Durch die schiere Masse wurde die Dissertation zum publizistischen Hauptmedium frühneuzeitlicher Wissenschaft. Mit den Reformbewegungen (und ihrem neuen Bildungsgedanken) ging nun die Forderung einher, dass Dissertationen *von den Studenten selbst zu verfassen* seien – wogegen sich manche der eher reformunwilligen Professoren sträubten, da sie nicht nur den Verlust einer liebgewordenen Einkunftsquelle, sondern auch den Verfall des wissenschaftlichen Niveaus fürchteten. Sie sollten mit beiden Befürchtungen recht behalten: Im 19. Jahrhundert wurden die Dissertationen »unprofessionell« – sie wurden zunehmend von Amateuren geschrieben, die kein Geld dafür bekamen. Viele Universitäten, deren staatliche Finanzierung problematisch blieb, waren auf Nebeneinkünfte angewiesen und verfielen daher auf den Gedanken, sich über die Masse zu finanzieren. Um möglichst viele Examenskandidaten aus allen Landesteilen anzulocken, erfanden sie das Angebot der Promotion *in absentia*: Man musste lediglich einen handschriftlichen Aufsatz von wenigen Seiten zu einem beliebigen »wissenschaftlichen« Thema per Post einschicken, und gegen die Begleichung einer Gebühr durfte man sich dann mit dem Doktortitel schmücken. Den solcherart Promovierten war in den meisten Fällen nicht an einer wissenschaftlichen Karriere gelegen, sie erkauften sich mit dem »Dr.« schlicht Sozialprestige – mit dem vorhersehbaren Effekt, die Prestigeträchtigkeit des Titels selbst zu unterminieren. (Die in den letzten Jahren öffentlich gemachten Plagiatsfälle, die zum vorzeitigen Ende bestimmter Politikerkarrieren führten, kann man als späte Reflexe dieser Entwertung akademischer Titel ansehen. Der Skandal besteht ja weniger darin, dass es skrupellose Gestalten gibt, die nichts auf akademische Redlichkeit geben, sondern dass die Universitäten nicht in der Lage sind, solche Machenschaften zu verhindern.)

Professorale Wutbürger übten wegen dieses Niedergangs guter akademischer Sitten einen solchen Druck auf das preußische Kultusministerium aus, dass es 1877 zu einem Erlass kam, nach dem das Tragen eines Doktortitels nur noch denjenigen erlaubt wurde, die sich einer mündlichen Prüfung unterzogen *und* eine Dissertation in gedruckter Form vorgelegt hatten – es kam also zur *Einführung des Druckzwangs* für Dissertationen. In der Folge wurde nicht etwa die Qualität der eingereichten und nunmehr veröffentlichungspflichtigen Dissertationen schlagartig besser, sondern es wurde nur das Drohpotenzial gegenüber den Promotionswilligen profiliert: Nimm dich in Acht, es könnte nun von jedem überprüft werden, ob du Unsinn geschrieben hast oder nicht. An die Steigerung der wissenschaftlichen Qualität wurde dabei weniger gedacht als an die einfache Reduzierung der zu hohen Zahl umherlaufender »Doktoren«. Qualität (und Umfang) der Dissertationen stiegen erst in den 1960er-Jahren deutlich, als mit dem Magister Artium ein neuer (alter) Universitätsabschlussgrad eingeführt wurde – ein effektiveres Mittel, die Zahl der Promovierenden zu minimieren, als es die Publikationspflicht je gewesen ist.

Beseitigung und Wiederaufrichtung von Immatrikulationshürden

Die Ängste der Professorenschaft, die Distinktionsfähigkeit akademischer Titel – »ihrer« Titel – zu verlieren, wurden natürlich auch durch andere Effekte der preußischen Bildungsreformen geschürt, insbesondere durch die langsame Öffnung der Universitäten für breitere Bevölkerungsschichten. Da ist zum einen die (teilweise) staatsrechtliche *Gleichstellung der Juden* zu erwähnen. Sie erfolgte 1812 – und beseitigte die bisher bestehenden Immatrikulationshemmnisse. (Im 18. Jahrhundert gab es nur ganz vereinzelt jüdische Studenten an deutschen Universitäten, meistens an medizinischen Fakultäten.)

Dann das *Abitur*, das 1834 zum offiziellen Abschluss des Gymnasiums wurde und damit zur obligatorischen Hochschulzugangsberechtigung (»Reifeprüfung«). Das Abitur hätte es eigentlich jedem ermöglichen können (jedem, der es sich leisten konnte), sich an einer Universität zu immatrikulieren – wenn das Abitur nicht *Privileg des (Jungen-)Gymnasiums* gewesen wäre. Denn weder Mädchenschulen noch jüdische Schulen führten zum »Abitur«, weshalb junge Frauen sich *immer noch nicht* und Juden sich *schon wieder nicht* an Universitäten einschreiben konnten. (Die für Juden kurz vorher abgeschafften Immatrikulationshemmnisse wurden durch Festschreibung des Gymnasiums als exklusiver Hochschulzugangsberechtigungsinstitution wieder neu errichtet: ein Schritt vorwärts, zwei zurück.)

Bis zur endgültigen staatsbürgerlichen Gleichstellung der Juden dauerte es noch. Erst 1871 mit der Gründung des Deutschen Reichs konnten Juden die Allgemeine Hochschulreife erwerben. An den Mädchenschulen dauerte es noch länger. Mädchen konnten in Preußen erst 1894 eine Prüfung ablegen, die ihnen die Hochschulreife bescheinigte – was aber nicht unmittelbar bedeutete, dass sie sich damit auch an einer Universität einschreiben konnten. Als Gasthörer an Vorlesungen teilnehmen durften sie. Aber es blieb noch weitere 14 Jahre umstritten, ob Frauen ein reguläres Studium (mit einem entsprechenden Hochschulabschluss) aufnehmen dürfen. Die Zulassung zum regulären Studium für Frauen kam sukzessive von 1900 bis 1908, und die Habilitation von Frauen wurde gar erst im Jahr 1920 zugelassen, also erst in der Weimarer Republik. Das Maschinengewehr und die Schallplatte sind älter als die »deutsche Professorin« …

Wobei wir gerade beim Thema sind:

Frauenstudium

700 Jahre lang waren die europäischen Universitäten rein männlich geprägte Angelegenheiten: Ausschließlich männliche Korporationen, nur von Män-

nern gebildet und legitimiert, durch exklusiv männlich besetzte Machtstrukturen organisiert. Bevor die deutschen Universitäten Frauen zum regulären Studium zuließen (ab 1900), kann man die Spuren von Frauen in der Geschichte der Universitäten lediglich an den Namen und Schicksalen von Einzelpersonen verfolgen: An dem von Elena Cornaro (1646–1684) etwa, die als erste Frau überhaupt promoviert wurde (1678 in Padua). Damit dieses aufsehenerregende Ereignis auch schön folgenlos bleiben würde, gestattete man Ihr nicht, in ihrem Wunschfach Theologie zu promovieren, sondern ließ sich (nach Intervention ihres Vaters, des Prokurators von Venedig) dazu herab, sie zu einem philosophischen Thema zu promovieren. Ein Doktor in Theologie wäre mit der kirchlichen Lehrerlaubnis verbunden gewesen, und das konnte man einer Frau nun auf gar keinen Fall zugestehen! Umgekehrt lief es mit der Niederländerin Anna Schürmann (1607–1678). Sie wurde zwar nie promoviert, war aber in ihrer Zeit eine bekannte Wissenschaftlerin. Ein besonderes Detail ihres Studiums: Anna hatte als Autodidaktin bereits mit der Crème da la Crème der niederländischen Humanisten korrespondiert und sich mit ihrer Reputation das Recht erworben, an Vorlesungen der gerade frisch gegründeten Universität Utrecht teilzunehmen (1636). Sie durfte das jedoch nur in einem eigens für sie gezimmerten, verschleierten Holzkasten tun – um die übrigen (männlichen) Studenten nicht durch ihren Anblick zu verstören oder deren Aufmerksamkeit von der Vorlesung abzulenken ... Oder nehmen wir den Fall von Dorothea Schlözer (1770–1825), die nach Dorothea Erxleben (1715–1762) als die zweite in Deutschland promovierte Frau gilt. Dorothea war eine Göttinger Professorentochter, die von ihrem Vater als Anschauungsobjekt für seine Bildungstheorie vorgeführt und privatim »promoviert« wurde, ohne dass sie eine Dissertation hätte verfertigen müssen (1787). An eine wissenschaftliche Karriere hatte dabei offensichtlich niemand gedacht, sie selbst wahrscheinlich auch nicht. Dorothea blieb aber immerhin dem akademischen Milieu erhalten: Sie wurde umgehend Professorengattin.

Diese Fälle sind keine Ausnahmen von einer Regel, sondern illustrieren einfach nur die grausame Tatsache: dass Universitäten bis ins 20. Jahrhundert hinein keine Orte waren, an denen Frauen existieren konnten oder auch nur durften. Dabei waren gerade Dissertationen zur »Querelle des Femmes« in akademischen Kreisen lange Zeit populär gewesen: Über

Jahrhunderte hinweg hatte sich dieser Diskurs unter Gebildeten allerlei Geschlechts erhalten, der sich immer wieder darum drehte, ob Frauen als solchen die intellektuelle Kapazität zu wissenschaftlichem Denken zugestanden werden könne – wenn man schon zähneknirschend zugestehen musste, dass es sich bei ihnen immerhin um Menschen (vernunftbegabte Wesen) handele ...

Die deutschen Universitäten im Nationalsozialismus

Den Strukturen der fast tausend Jahre alten Männeroligarchie namens Universität konnten die ganz vereinzelten weiblichen Doktorinnen jedenfalls nichts anhaben; die Universitäten bewiesen über alle Jahrhunderte hinweg eine erstaunliche Hartleibigkeit, was Veränderungen angeht. Ein besonderes schillerndes Beispiel dieses Beharrungsvermögens bieten die Adaptions- und Anpassungsleistungen der deutschen Universitäten im Nationalsozialismus. Großen Widerstand hatten die Nazis von den politisch sowieso meist rechts stehenden Professoren und Rektoren ohnehin nicht zu erwarten, von den Studenten auch nicht (der »nationalsozialistische Studentenbund« war bereits vor 1933 die größte studentische Organisation gewesen). Dass die ganz wenigen sozialistischen Akademiker, die vereinzelten Pazifisten und vor allem die Juden durch das sogenannte »Gesetz zur Wiederherstellung des Berufsbeamtentums« aus ihren Ämtern vertrieben wurden, dürfte die Mehrheit der *Universitas* wenig gestört haben. Das Gesetz betraf knapp 20 Prozent der männlichen Universitätsangehörigen und 40 Prozent der (zahlenmäßig ohnehin bedeutungslosen) weiblichen. (Die wenigen Frauen waren prozentual von dem Nazigesetz stärker betroffen, da für sie die Ausnahmeregelungen für »Altbeamte« und »Frontkämpfer« nicht galten: Sie hatten weder im 1. Weltkrieg gekämpft, noch waren sie vor 1914 verbeamtet worden – wie auch, durften sie ja erst ab 1920 habilitieren! Die eine historische Diskriminierung wurde damit zur Rechtsgrundlage für die nächste ...)

Intellektuell hat sich die deutsche Wissenschaftslandschaft von der Vertreibung und Ermordung ihrer jüdischen Angehörigen nie wieder erholt. Institutionell hatte das jedoch keinerlei Effekt auf die deutschen Universitäten. Genauso, wie sie organisatorisch die Vertreibung der jüdischen Universitätsangehörigen verkrafteten, so überstanden sie auch den 2. Weltkrieg. Eine der größten Katastrophen der Menschheitsgeschichte bedeutete für sie: den Ausfall eines Sommersemesters im Jahr 1945. Und genauso glimpflich überstanden sie auch die anschließende »Entnazifizierung« – zumindest in den westlichen Besatzungszonen. Dort bestand die Möglichkeit, Revision gegen ein Entnazifizierungsverfahren einzulegen, sodass die meisten der Nazis unter den Hochschulangehörigen bis zum Ende der 1940er-Jahre wieder an ihren alten oder an anderen Universitäten Fuß gefasst hatten. Das betraf übrigens auch Vertreter von Fächern wie »Rassenkunde«, »Eugenik« und »Wehrwissenschaft«. Zwar wurden diese Fächer als solche abgewickelt – die Professoren fanden jedoch in der Regel Aufnahme in benachbarten Disziplinen mit altehrwürdigen (und weniger anstößigen) Namen. Die 1949 neugegründete »Westdeutsche Rektorenkonferenz« vertrat nun die »Interessen der Hochschulen« – das heißt, insbesondere die der ordinierten Professorenschaft – gegenüber den Kultusministerien der Länder, wie es die »Hochschulkonferenz« bereits früher gegenüber dem nationalsozialistischen Reichserziehungsministerium getan hatte.

»Massenuniversitäten«

Trotz dieser restaurativen Bestrebungen der akademischen Eliten konnte der immer größere Zustrom von neuen Studierwilligen, der sich in den 1950er- und 1960er-Jahren abzeichnete, nicht eingedämmt werden. Ein wesentlicher Faktor war dabei die Abschaffung des Schulgelds für Gymnasien gegen Ende der 1950er-Jahre. Die bis dahin von bürgerlichen Schichten dominierten Bildungseinrichtungen wurden für Jugendliche aus dem Arbeitermilieu zugänglich. Wie schon in Zeiten der Weimarer Republik wurde die studentische Selbstverwaltung (AStA) instituiert und Studentenwerke gegründet. Ebenso nach Weimarer Vorbild wurden Förderungsprogramme neu aufgelegt: Staatliche Unterstützung für Studierende, deren Eltern nicht über ausreichende Mittel verfügten (das »Honnefer Modell«, später durch BAFöG ersetzt), sowie die Begabtenförderung durch die Studienstiftung und parteinahe beziehungsweise kirchliche Stiftungen (vgl. oben S. 38). Die Signalwirkung dieser Öffnungspolitik war größer als die Zahl tatsächlich geförderter Studierender – es kam zu den sogenannten »Massenuniversitäten« der 1960er-Jahre und zu Forderungen nach mehr Mitbestimmungsrechten für den akademischen »Mittelbau« sowie insgesamt zur Forderung nach einer Demokratisierung der Universitäten.

Gutangezogene junge Männer tragen ein Transparent

In den 1970er-Jahren wurde die aufbegehrende Studentengeneration mit der Einführung der sogenannten Gruppenuniversität befriedet. Sie stellt ein Gegenmodell zur alten »Ordinarienuniversität« dar, bei der die ordinierten Professoren die alleinige Gestaltungsmacht in Verwaltungs- und Personalangelegenheiten hatten. Es wurden Mitbestimmungsrechte der anderen Gruppen bei der universitären Selbstverwaltung festgeschrieben, das heißt, vor allem die Rechte der nichtwissenschaftlichen und wissenschaftlichen Angestellten sowie der Studierenden. Allerdings konnten sich die Ordinarien auch in der neuen Gruppenuniversität als mächtigste Gruppe behaupten, da sie den Vorbehalt geltend machten, dass ihre Stimmen »zum Schutze der Wissenschaftsfreiheit« immer noch mehr zählen sollten als die Stimmen der übrigen Gruppen von Universitätsangehörigen (bei Berufungsfragen braucht es sogar die absolute Mehrheit der Ordinarien in den Gremien). Der Modellwechsel von der Ordinarienuniversität zur Gruppenuniversität hat also an der Regierungsform der Universitäten nichts geändert: Sie bleiben Oligarchien.

Deren Lobbyvertreter trafen sich 1988 dort, wo alles begonnen hatte: in Bologna.

Von Bologna zum Bologna-Prozess

Das angebliche Gründungsdatum der Universität Bologna – 1088 – wurde im 19. Jahrhundert vom italienischen Dichter (und Bologneser Literaturprofessor) Giosuè Carducci propagiert. Trotz der *Best Practice* aktueller historischer Forschung, die das Spezifikum von mittelalterlichen Universitäten in ihrer Eigenschaft als Körperschaften eigenen Rechts sieht, von denen im 11. Jahrhundert aber noch keine Rede sein konnte, ist das angebliche Gründungsdatum der Bologneser Universität bis heute nicht offiziell revidiert worden, und die Universität trägt es bis heute in ihrem Wappen.

1988 veranstaltete die Universität Bologna also ihre 900-Jahr-Feier, auf der die geladenen Hochschulrektoren aus ganz Europa eine *Charta* unterzeichneten, in der sie angesichts des Abbaus der innereuropäischen Grenzen – das erste Schengener Abkommen war gerade drei Jahre alt – die Symbolkraft der europäischen Universitäten als Einheitsstifter des europäischen Gedankens feierten. Neben der Betonung der Wichtigkeit der Freiheit von Forschung und Lehre, der universitären Autonomie und so weiter wurde ein Punkt hervorgehoben, der für den später dann tatsächlich initiierten »Bologna-Prozess« entscheidend werden sollte: Um den staatenübergreifenden Austausch von Akademikerinnen zu erleichtern, wird die europaweite Angleichung von arbeitsrechtlichen Regelungen, Titeln und Prüfungen angemahnt.

Zur politischen Unterschriftsreife gelangte dieses Ansinnen der europäischen Hochschulrektoren dann elf Jahre später, nachdem zwischenzeitlich noch die universitären Strukturen der DDR »abgewickelt« worden waren. 1999 trafen sich 29 europäische Bildungsministerinnen wiederum in Bologna, um eine freiwillige Selbstverpflichtung zur »Schaffung eines gemeinsamen Europäischen Bildungsraums« zu unterzeichnen.

Ob damit das ursprüngliche Anliegen der Hochschulrektoren – wenn es angesichts der Vagheit der Formulierungen in der Charta von

1988 überhaupt erlaubt ist, von einem konkreten Anliegen zu sprechen – politisch umgesetzt wurde, wird inzwischen allenthalben bezweifelt. 20 Jahre nach dem Startschuss des Bologna-Prozesses darf man wohl sagen, dass die Ziele zum größten Teil nicht erreicht wurden: Von einem »leicht verständlichen und vergleichbaren System der Hochschulabschlüsse« sind wir weit entfernt. Nicht einmal die Zweistufigkeit (Bachelor/Master) hat sich überall durchgesetzt – gerade die ältesten Fakultäten, die es bereits in den mittelalterlichen Universitäten gab (Jura, Medizin), sperren sich besonders gegen die Einführung der neuen akademischen Abschlüsse. (Ob zu Recht oder zu Unrecht, ist hier nicht das Thema.)

Die Mittel, die zur Vereinheitlichung des europäischen Bildungsraums konzipiert wurden, sind teilweise kontraproduktiv: Der Bachelor-Abschluss führt nicht generell zu einer höheren Akzeptanz dieser Ausbildung durch die Wirtschaft; das *European Credit Transfer System* führt zur Verschulung des akademischen Betriebs, zu einem erhöhten Prüfungsaufkommen und trägt somit zu einer Vergrößerung der Kluft zwischen Forschung und Lehre bei: Gerade unorthodoxe wissenschaftliche Ansätze, die ja der eigentliche Motor für wissenschaftlichen Fortschritt sind, stehen nicht mehr auf dem Unterrichtsprogramm. Gelehrt wird nur noch das mainstreammäßig-Akzeptierte, »abgerechnet« (honoriert) wird nach aufgewandten Zeit-Einheiten und nur sekundär nach investiertem Hirnschmalz.

Die unter dem zweifelhaften Motto der »Wettbewerbsfähigkeit« geforderte Stärkung der »europäischen Wissenschaftslandschaft« wird darüber hinaus in Deutschland geradezu konterkariert durch die chronische Unterfinanzierung der Hochschulen: Die staatlichen Hochschulausgaben, die zu 80 Prozent von den Ländern getragen werden, stagnieren seit 1995 bei rund 4 Prozent vom Bruttoinlandsprodukt. Universitäten werden in marktähnliche Konkurrenzsituationen geworfen durch »Exzellenzinitiativen« und Ähnliches, die gleichermaßen bei den Gewinnern und Verlierern dieser künstlichen Wettbewerbe Ressourcen für erhöhten bürokratischen Aufwand verschlingen, die anderswo besser eingesetzt werden können.

Es ist hier nicht der Ort, die Frage zu entscheiden, ob der Bologna-Prozess zurückgenommen werden kann oder nicht. (Einige Fatalisten sagen: Er kann nicht.) Es ist hier auch nicht der Ort, hochschulpolitische Verbesserungsvorschläge für einige der krassesten Fehlentwicklungen dieses Umbauprozesses zu diskutieren. Ich kann hier lediglich dafür plädieren, nicht blindlings alle Zumutungen in Ihrem konkreten Universitätsalltag zu akzeptieren, für die dann möglicherweise »Bologna« als Begründung angeführt wird. Denn wenn auch viele Aspekte des Hochschulalltags heute durch die Bologna-Reformen bestimmt sind, so weisen sie doch immer auch auf ältere und teilweise ganz alte Strukturen zurück, die ich hier in diesem historischen Kapitel angerissen habe: Dass Universitäten Institutionen der Elitenreproduktion sind; dass sie dazu neigen, Nonkonformität eher abzustrafen als zu befördern; dass sie bei allen Beschwörungen der »akademischen Freiheit« unter permanentem ökonomischem Druck stehen (und zwar gleich, ob unter dieser »akademischen Freiheit« die korporative Autonomie, das Humboldtsche Bildungsideal oder die Stimmenmehrheit der Ordinarien gemeint ist). Sich das klarzumachen, ist wichtig; sich davon nicht verrückt machen zu lassen, ist aber mindestens ebenso wichtig.

Auch wenn viele kritische Aspekte in dieser Darstellung der Geschichte des »Systems Universität« hervorgehoben wurden, so möchte ich Sie am Ende doch nicht entmutigen. *Bologna* hat schon Schlimmeres überlebt als den Bologna-Prozess. Und dass es weitergehen wird, sehen sie allein schon daran, dass die Universitäten an den mittelalterlichen Titeln festhalten, in denen sich ihre ursprünglichen Hierarchien von ferne spiegeln: Egal ob sie politisch vom Papst, von protestantischen Landesfürsten, vom preußischen Staat, von den Nazis, von Landesministerien oder vom »Markt« abhängig sind – der Doktortitel ist 800 Jahre alt. Und bald werden Sie auch einen haben!

SCHLUSS

Dieses Buch wurde während der Covid-19-Pandemie beendet, vergleichsweise einsam also, denn der gedankliche Austausch mit Kolleginnen und Freundinnen findet zwar statt, aber meist in einer seltsam präformierten, unsinnlichen Form, die persönlichen Gesprächen die Anmutung von Geschäftsmeetings verleiht. Auch wurden die Seminare mit den Stipendiatinnen ausgesetzt oder gegen Ende des Jahres 2020 zu Online-Meetings umfunktioniert. Das verändert ihren Charakter, genauso wie das *Social Distancing* den Universitätsbetrieb als Forum sozialen Austauschs verändert. (Wie genau, werden zukünftige Wissenschaftssoziologinnen herausfinden müssen.) Ich jedenfalls bin froh, dass ich nicht unter solchen Bedingungen promovieren musste, und wünsche allen, die zurzeit im Promotionsprozess sind, besonders viel Kraft, Optimismus und Ausdauer.

Kurz nach Abgabe des fertigen Textes stellte ihn der Verlag in *Smashdocs* ein, um im Teamwork und in Echtzeit gemeinsam Korrekturdurchläufe zu machen (man verhindert damit die doch recht umständliche Versionskonvertierung von Word-Dateien, insbesondere, wenn im Korrekturprozess mehrere Köchinnen den Brei rühren.) Bei der erneuten Lektüre, nun eben in einem anderen Format, bestätigte sich mir wieder etwas, das ich im Kapitel zur Produktionsphase geschrieben hatte: Dass ein Formatwechsel, eine neue Erscheinungsform des Textes ihn in einem ganz anderen Licht erscheinen lässt. (Und wenn der Text erst gesetzt sein wird, wird mir das wahrscheinlich wieder so ergehen.) In meinem Fall hieß das, dass ich den Eindruck hatte, einen Grundakzent, der beim Schreiben immer vorhanden war, im Text aber in vielen Passagen nicht ganz so klar durchscheint, weil er zumeist in Sarkasmen verpackt wurde, noch einmal eigens betonen zu müssen (und was bietet eine bessere Gelegenheit dazu, als ein nachträglich geschriebenes Schlusswort?)

Dem Eindruck, dass Wissen eine Ware sei, sollte man vorbeugen. Sätze wie »Traue keiner Statistik, die du nicht selbst gefälscht hast!« sollte man ernst nehmen. Vielleicht verhindert man damit auch die zunehmende Wissenschaftsfeindlichkeit im nichtakademischen Teil der Bevölkerung, wie sie im Brandanschlag auf das Robert-Koch-Institut vom 25. Oktober 2020 symbolischen Ausdruck fand.

Ich wollte zeigen, dass es möglich ist, auf eine andere Art Wissenschaft zu betreiben, als es der von neoliberaler Ideologie durchdrungene Alltagsdiskurs, der an den Universitäten schon lange vor dem Bologna-Prozess Fuß gefasst hat, einzig noch zuzulassen scheint. Konkurrenz belebt das Geschäft, das stimmt wohl; aber Wissen ist seinem Wesen nach *kein Geschäft*, auch wenn der Wissenschaftsbetrieb Ihnen anderes weismachen will.

Wahrheit lässt sich nicht dealen. Eine Wahrheit wird nicht dadurch wahrer, dass sie einen höheren Verkaufspreis erzielt. Ich wollte zeigen, dass Wissenschaftlerinnen sich nicht als Konkurrentinnen auf einem »Wissensmarkt« begreifen *müssen*. Dass Sie als Promovierende nicht die charakterlichen Deformationen in Kauf nehmen *müssen*, die der herrschende Diskurs, der Ihnen den perfektionistischen, ständig um Selbstoptimierung bemühten Streber als akademisches Ideal einredet, ständig verschweigt. Dass es nicht Ihr Ziel sein *muss*, zu einer käuflichen »Expertin« zu werden. Dass Sie promovieren *können*, weil Ihnen an der Sache selbst gelegen ist: an wissenschaftlicher Erkenntnis.

ANHANG

STICHWORTE

NAMEN

BILDNACHWEIS

S. 144 Geralt von Riva, Artwork zu *The Witcher III: Wild Hunt*, © für alle Darstellungen des Charakters und das verwendete Bild: CD PROJEKT S.A., Abdruck mit freundlicher Genehmigung von CD PROJEKT S.A.

S. 172 Unter den Talaren ..., © picture-alliance/ dpa | dpa

S. 173 Sigillum der Universität Bologna, © Alma Mater Studiorum – Università di Bologna, Abdruck mit freundlicher Genehmigung.

ÜBER DEN AUTOR

Stephan Schmauke, geb. 1970, Dr. phil., Philosoph, freier Wissenschaftsautor und Dozent, leitet seit 2012 interdisziplinäre Seminare der Promotionsförderung der Friedrich-Ebert-Stiftung. Er lebt in Bonn.